図説

魔女狩り

黒川正剛

河出書房新社

はじめに

魔女――。それは現代の私たちにとって、ある意味なじみ深い存在である。子供の頃から大人になるまでのあいだに、この言葉と一度も出会わなかった人は恐らくいないはずである。一九六四年から七二年にかけてアメリカのテレビで放映された人気ドラマ『奥さまは魔女』は日本でも放映され、二〇〇五年には同名のアメリカ映画が公開された。また角野栄子原作の児童文学『魔女の宅急便』(福音館文庫・二〇〇二年)は、宮崎駿監督の同名のアニメーション映画(一九八九年)で多くの人の知るところとなった。そして『白雪姫』や『ヘンゼルとグレーテル』といったグリム童話に出てくる魔女については、世代を問わず、より多くの方がご存じだろう。また、魔女という言葉が、ある種の神秘的な力や魅惑的な力を持つ女性に対する呼称として用いられることがあるのも周知のことである。

では、「魔女狩り」はどうだろうか。魔女に比べると、魔女狩りという言葉はなじみが薄いかもしれない。またそれは、忌まわしく何かしら残酷なイメージを伴う。魔女狩りという現象は、中世末から近世にかけてのヨーロッパ世界で起こった。より正確に言うと、西欧では一六世紀後半以降、東欧やアメリカでは一七世紀以降に本格化した。したがって、ときに勘違いされることだが、魔女狩りは中世の産物ではない。魔女狩りは、教科書的にいえば、人文主義が花開いたルネサンスの時代以降、ヨーロッパ人がアメリカ大陸をはじめとする非ヨーロッパ世界へ乗り出していった大航海時代とほぼ同時代に起きていたのである。それは、現代に直接つながる近代という時代の最初の時期の出来事だった。

犠牲者の正確な数は不明だが、一四〇〇年から一八〇〇年までのあいだに約五万人が魔女として処刑されたと言われている。その八割は女性である。処刑方法は火刑が一般的だった。つまり、現代の様々なメディアに登場する魔女と近世ヨーロッパ社会における魔女の扱われ方には著しい違いがある。一方はエンターテインメントの対象、もう一方は告発の対象である。しかし、両者は完全に断絶しているのではない。現代の魔女は、過去の魔女の遺産を部分的に受け継いでいる。魔女が魔術を使って不可思議な事柄を引き起こしたり、箒《ほうき》に乗って空を飛んだりすることは、近世の魔女イメージの特徴でもあった。

現代の魔女イメージの基層には、近世ヨーロッパ社会の魔女イメージが横たわっている。そしてその魔女イメージの基層には、さらにそれ以前のヨーロッパにおいて形成され蓄積されてきた魔女イメージが横たわっている。

いったい魔女狩りとは何だったのか。そして、魔女とは何だったのか。また、なぜ魔女狩りは近世という時代に起こったのか。これらの問いは相互に絡み合いながら、ヨーロッパ文化とは何か、ヨーロッパ文化と切り離せないキリスト教とは何か、また近代とは何かという問いかけとなって返ってくる。

言うまでもなく、これらの問いに答えるのは容易なことではない。しかし本書では、これらの問いに微力ながら答えるべく魔女狩りの歴史をひもといていくことにしたい。本書では、基本的に中世末から近世にかけての魔女狩り時代の魔女を指すときに括弧なしの魔女を使用し、それ以前の時代の類似の存在を指す場合には、括弧つきの「魔女」と記している。

このような方法をとるのは、中世末以降の魔女とそれ以前の類似の存在には、もちろん類似点が多く見られるのだが、本質的な違いがあると考えられるからである。また、魔女狩りは、一般的に司法上の手続きを踏まえて行われたので魔女裁判とも言われる。本書でも二つの言葉を文脈に応じて使い分けているが、ほぼ同じ意味合いで使用していることを断わっておきたい。

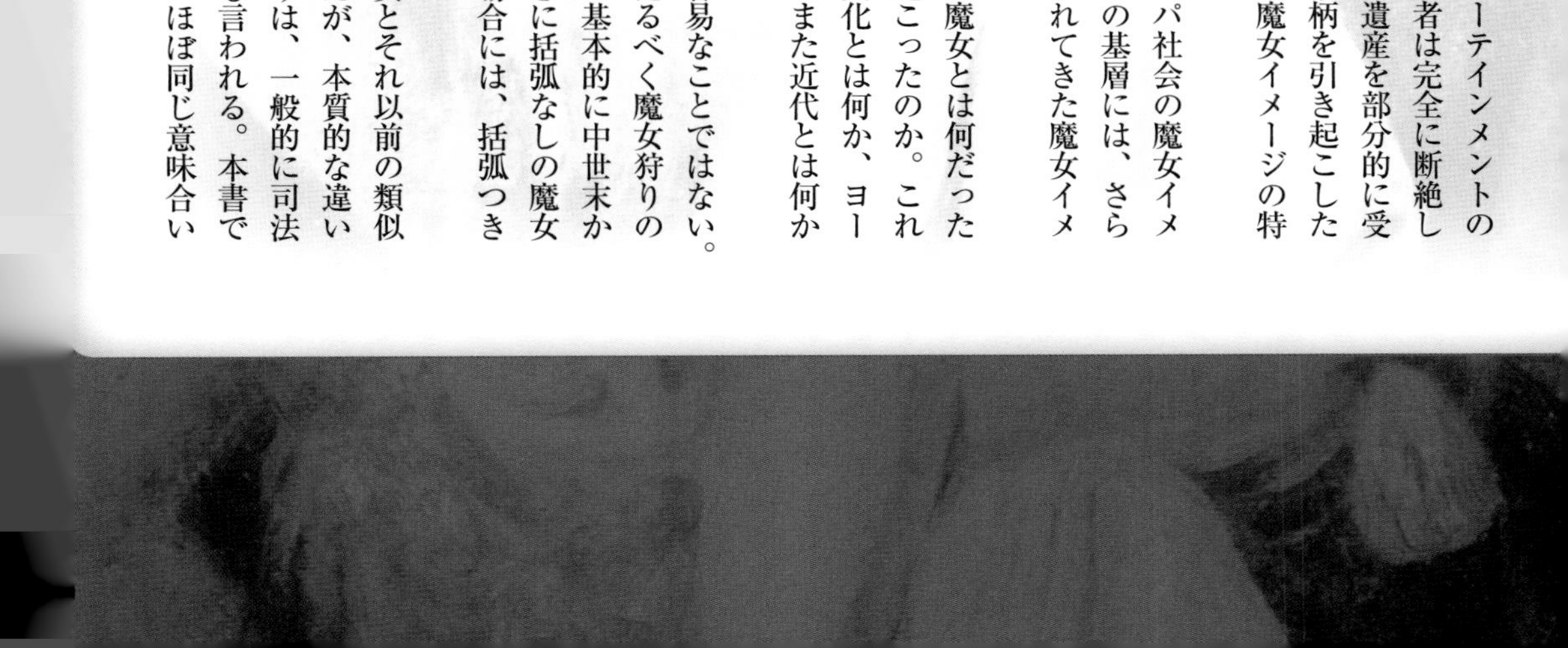

図説
魔女狩り
目次

第一章　魔女の原像

古代異教時代の「魔女」

魔女ラミア

一六、一七世紀に猛威をふるった魔女狩り時代の魔女のイメージは多様な要素から成り立っている。ヨーロッパ文化の基層に横たわる古代ギリシア・ローマ文化における「魔女」のイメージもその要素のひとつである。ただし、古代ギリシア・ローマ時代の「魔女」と中世末・近世にかけての魔女には本質的な違いがあり、この違いには、それぞれの宗教が深く関係している。古代ギリシア・ローマ時代は多神教の世界、中世以降のヨーロッパは一神教のキリスト教に色濃く染め上げられた世界であった。

古代ギリシア・ローマ時代の「魔女」がどのような存在だったのか、また、そのイメージが中世末以降の魔女イメージにどのように継承されているのか見ておくことにしよう。

中世末にコンスタンツで出版された『魔女と女予言者について』（一四八九年～）は、印刷された悪魔学論文の初期のもののひとつである。著者ウルリヒ・モリトール（一四四三頃―一五〇八頃）はパドヴァ大学で法学博士号を得た法学者で、チロル伯ジギスムントに仕えた人物であった。彼はこの書で、当時の魔女信仰に対して懐疑的な姿勢をとりながらも、世俗当局による処刑を主張した。この書はラテン語で書かれたが、書名の「魔女」という語のラテン語表記は、「ラミア」である。ラミア、それはギリシア神話に出てくる女性の怪物にほかならない。

ラミアはリビアの女王で若く美しい女性であった。しかし、ゼウスに見染められ幾人かの子供を産んだため、ゼウスの妻ヘラの逆鱗に触れてしまう。ラミアは罰として子供を殺され、自身も上半身は人間の女性、下半身は蛇という怪物に変えられる。絶望したラミアは、その後他人の子供を殺すようになり、時折、もとの美貌の姿に戻っては男を誘惑し、その血を吸ったという。

子供を殺害する怪物的な女性というイメージは、サバト（魔女の夜宴）で子供を喰う近世の魔女イメージと重なる。ギリシア神話における魔女的存在は、「ラミア」というラテン語のまま、後世に継承されていったといえるだろう。

オデュッセウスの話に登場するキルケも、後世の魔女イメージの形成に寄与した「魔女」的存在のひとつである。オデュッセウスがアイアイエ島で遭遇するキルケは、オデュッセウスの仲間に魔法の薬を飲ませて杖で触れ、その姿を狼・豚・ロバ・獅子に変えてしまう。

ウルリヒ・モリトール著『魔女と女予言者について』（1489年版）の表紙。２人の魔女が大鍋に蛇や鶏を入れ、天候魔術を起こしている様子が描かれている。不気味な雲から降り注いでいるのは雹であろうか。表題のDe laniisは、De lamiisのことで、「魔女について」という意味。

モリトール著『魔女と女予言者について』（1494年頃の版）の挿絵。魔女が男性に魔術をかけ足を不自由にしている様子。魔術は呪文をかけられたか毒を塗られた逆向きになった矢でかけている。魔術にかかっていることは、左足の靴が脱げていることで示されている。

魔術を使った動物変身は、後世の魔女の能力でもあった。ただし後世では、サバトに赴くために魔女自ら動物に変身すると信じられていたのに対し、キルケは他者を動物に変えたという違いはある。しかし、一六世紀の魔女狩り賛成派の旗頭といってもよいフランスの政治思想家ジャン・ボダン（一五三〇―九六）の以下の言葉を見ると、まるで魔女とキルケが同一視されているかのようである。

ローマの詩人オウィディウス（前四三―後一七）の『変身物語』の登場人物アルカディア王リュカオンは、ゼウスに人肉を食べさせようとして失敗し、罰としてその姿を狼に変えられてしまう。ボダンは、この話に触れて次のように述べている。

「こういうことは至る所で今も普通にあることだ。ホメロスが、オデュッセウス

モリトール著『魔女と女予言者について』（1495年頃の版）の挿絵。魔女と悪魔が抱き合っている。男性が悪魔であることは、尻尾が生えていることと、猛禽類の足をしていることからわかる。

フェラーラ公に仕えた宮廷画家ドッソ・ドッシ（1490頃～1542）が描いた『風景の中のキルケと恋人たち』（1514～16年）。キルケの周りの動物たちはもともと人間であった。

リリスを描いたテラコッタの装飾版（前2～1世紀初め）。リリスはシュメールに起源をもつ女性の悪霊で、夜に空を飛び、睡眠中の男性と交わり、幼児を殺すと考えられていた。ヘブライの一伝承では、アダムがイヴ以前に結婚した妖婦である。ウルガタ（5世紀初めに成立したカトリックのラテン語で書かれた標準的公用聖書）で、ラミアと翻訳された。魔女の原型のひとつと言える。

の仲間を豚に変えた魔女キルケについて述べていることは嘘ではない。なぜなら、聖アウグスティヌスでさえ『神の国』第五巻で同じ話を引用しているのだから」（『魔術師の悪魔狂』一五八〇年）。

　ボダンは、悪魔の力による魔女の動物変身の現実性を主張するために、キルケの逸話を証拠として引用した。ボダンが、キルケを「魔女」と表現していることも重要である。古代ギリシア・ローマ文化における「魔女」的存在と近世の魔女のつながりが読み取れるからだ。

「魔女」的存在

　ラミアやキルケのほかにも、古代ギリシア・ローマ文化における「魔女」的存在には事欠かない。たとえば、オデュッセウスがキルケと別れた後、海路通過したのはセイレンの島であったが、セイレンは太腿から下は鳥の姿をした怪物であった。セイレンは竪琴・笛・美声によって航海者を引き留めようとするが、オデュッセウスは自身をマストに縛りつけこの難を逃れた。ある種の甘美さを用いて男性を誘惑し、道を踏み外させる女性のイメージは、キリスト教社会になっても繰り返されるものであり、近世の魔女イメージの一要素となるものである。

　ギリシア神話のメデイアも魔女的な存在である。コルキスの王女メデイアは、英雄イアソンを愛し、「金の羊毛」獲得に献身的に尽くしたにもかかわらず、浮気によって夫イアソンに裏切られる。メデイアは、浮気相手を殺害して夫に復讐し、最終的には自分の子供を殺害するにいたる。メデイアが羊毛獲得や浮気相手の殺害に使用したのが呪術だった。男性である夫に対する敵意と呪術の使用、また子供の殺害といった要素は、近世の魔女イメージを彷彿させる。

　ストリガという存在も忘れてはならない。それは大きな猛禽類の爪、毒が出る乳房を持つ恐ろしい女性であり、猛禽類に姿を変える。ラミアと似て、眠っている男性や子供を襲うことで知られ、男性と交わりその血を飲み、子供に対しては毒の乳を与えると信じられた。ストリガについての記述はオウィディウスや一世紀のローマの風刺作家ペトロニウスに見られる。ストリガは中世になると魔女と同一視されるようになった。

　有名な女神も忘れてはならない。なかでも古代ギリシア神話のヘカテーは冥界や呪術と深く関わる女神であり、古代ローマ神話のディアーナと同一視された。メデイアが夫への復讐の決意をひとりつぶやくときに、崇拝対象として言及しているのがヘカテーである。ヘカテーは、やがて中世のキリスト教社会において悪魔と同一視され、魔女と深く関連づけられるようになる。中世における異教の女神信仰と魔女の問題は、後であらためて触れよう。

キリスト教による異教と呪術の悪魔化

異教の悪魔化

イエス・キリストの十字架上における処刑後、その昇天と蘇りを信じた使徒たちは、神の子としてイエスを位置づけ、イエスの教えを広めるべく各地に伝道活動を展開した。しかし、その道は平坦ではなかった。一世紀から三世紀にかけてのローマ帝国で、キリスト教はたび重なる迫害を受け、数多《あまた》の殉教者を出したのである。一神教のキリスト教が、ローマ帝国在来の多神教と皇帝崇拝と折り合う

作者不明『愛の魔術』（1489年頃）。透けた布を身にまとった蠱惑的な裸の若い女性が好きな男性をものにするべく魔術を行っている。化粧小箱には蝋製と思われる心臓が入っている。振りかけているのも蝋であろうか。ドアから好奇心にかられた男性が覗いている。女性の行為が罪であることは、裸と、「虚栄」を意味する鏡と孔雀の羽根が描かれていることからわかる。

３つの顔を持つヘカテー。３つの顔は、天界・地上・冥界を支配することを表している。ヴィンチェンツォ・カルターリ著『古代の神々の像』（1556年）より。

ハインリヒ・ハイネ（1797～1856）の肖像。「……気の毒な古代の神々がキリスト教の決定的勝利の時代、すなわち西暦３世紀に困難な状況にたちいたったことにだけ、読者の注意をうながしておこう」。正確には4世紀以降のことだが、ハイネは『流刑の神々』（1853年）で古代の神々の悪魔化について熱く語った。

悪魔は西洋中・近世の人々の想像界に重要な位置を占めていた。地獄の獄卒として悪魔は恐れられていた。「地獄では誰も救われない」。ハンス・メムリンク工房作の多翼祭壇画部分（15世紀）。

ことは困難であった。しかし、中流階層以下の貧しい人々を中心に広がっていったキリスト教は着実に帝国内で受け入れられ、やがて皇帝側も帝国の運営と維持のためにはその存在を無視することができなくなっていく。

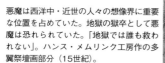

三一三年、もともと太陽神祭儀の信者であったコンスタンティヌス帝がキリスト教に改宗し、ミラノ勅令を布告、キリスト教が公認された。治世中の三一五年までには貨幣に最初のキリスト教のシンボルが刻まれ、三二三年には貨幣から異教的なシンボルが消滅した。その後、「背教者」ユリアヌス帝の登場もあったが、三八二年にはグラティアヌス帝が炉床と火の神で帝国の守護神でもあった女神ウェスタを祭る習慣を廃止し、元老院からその祭壇を撤去させた。そして三九二年、テオドシウス帝により異教が決定的に禁止されることになった。同年、エジプトのアレクサンドリアでは、司教テオフィルスが異教神セラピスの神殿を破壊させたという事件が起こっているが、これに対して皇帝は秩序維持に貢献したとしてキリスト教徒に謝意を表明している。迫害される側が迫害する側に変わったのである。

「キリスト教が世界を支配したときにギリシア・ローマの神々が強いられた魔神《デーモン》への変身」を叙情的に語ったのは一九世紀前半のドイツ・ロマン主義を代表する一人、ハインリヒ・ハイネ（一七九七―一八五六）だがキリスト教会側にとって異教神は「悪魔」に、その神殿は「悪魔の巣窟」となった。近世の魔女イメージと、魔女が仕える悪魔のイメージがつくられていった背景に、古代末期以降のキリスト教による異教の悪魔化という力学がはたらいていたことを忘れてはならない。

異教の悪魔化は、悪魔についての思索の深化とこれに伴う呪術の悪魔化と同時並行して進んだ。悪魔（デーモン）の語源はギリシア語のダイモンである。ダイモンは、古代ギリシア世界では神の力ほど強力ではないが、人間の力よりはるかに強力なエネルギーとも言える存在で、人間と神のあいだの仲介者的位置を占めるものだった。ダイモンが単に悪に関わる否定的存在でなかったことは、哲学者ソクラテスがダイモンの声に導かれて行動していたという逸話からもうかがい知ることができる。しかしダイモンは、キリスト教の母体であるユダヤ教の中で邪悪な天使、すなわち悪魔とみなされ、人類の女性に禁じられた邪悪な呪術のわざを教えた存在とされた。このことは聖書外典『エノク書』や『十二族長の遺言』に詳しい。悪魔と呪術のつながりは、ユダヤ教の伝統の中に既に準備されていたのである。

ユダヤ教によってダイモンが悪魔化された理由の一端は、ユダヤ教という厳格な一神教が多神教的なダイモン信仰と相容れなかったことに加えて、ユダヤ教が自己の宗教的アイデンティティを確固としたものにするため、邪悪なダイモン、すなわち悪魔を必要としたからだった。ユダヤ教徒のための神の計画を破壊する存在として、邪悪なダイモンが必要とされたのである。

悪魔の呼称には様々なものがあるが、代表的なものとしてはデーモンのほかデヴィル、サタンが挙げられよう。デヴィルの語源はギリシア語のディアボロスであり、中傷者を意味する。ディアボロスは、ヘブライ語で書かれた旧約聖書のギリシア語訳『七十人訳聖書』（前三世紀中頃—前一世紀）の中で、ヘブライ語の「敵」を意味するサタンの訳語として使われた。そのためユダヤ教のダイモン観は、キリ

地獄の様子。悪魔が罪人を様々な方法で責めさいなんでいる。
聖アウグスティヌス著『神の国』の15世紀写本の挿絵。

スト教の新約聖書に受け継がれ、デヴィルがそれら邪悪なダイモン＝デーモンたちの指導者として、またキリストと使徒たちが神のためになそうとすることすべての敵対者として現われることになった。デーモン、デヴィル、サタンの三語は、

使い魔に餌を与える魔女。使い魔は小動物の姿をした悪魔であった。イングランドのパンフレット『忌まわしく恐るべき行為の奇妙かつ真実の物語』（1579年）より。

近世の悪魔学論文においても頻出する悪魔の呼称である。

呪術の悪魔化

キリスト教による呪術の悪魔化ついて教えてくれる例としては、新約聖書の『使徒言行録』（八：九―二四）に出てくるシモンと使徒ペテロの話がある。サマリアの町に住むシモンは、彫像を歩かせたり、真鍮の蛇を這わせたり、自身が変身したりするなど、呪術を使って人々を驚かせ尊敬を受けていた。しかし、やがてキリスト教を信じるようになり、ほかのサマリア人と同様、使徒フィリポ（ピリポ）によって洗礼を受けた。しかし、その後使徒ペテロとヨハネが聖霊をサマリアの人々に授けるときになって、シモンの信仰が実は誤ったものであったことが発覚する。

「シモンは、使徒たちが手を置くことで、〝霊〟が与えられるのを見、金を持って来て、言った。『わたしが手を置けば、だれでも聖霊を受けられるように、わたしにもその力を授けてください』」。

この言動に激怒したのがペテロである。使徒たちの奇跡を起こす力を金で買おうとするシモンの行為は「悪事」であり、シモンは「腹黒い者」で、「悪の縄目に縛られ」ていると非難された。ちなみに、中世において聖職者の腐敗を示すものとして罪悪視されたものに聖職売買（シモニア）があるが、その語源がシモンにほかならない。

さてこのようなペテロのシモンに対する非難は、ペテロなど使徒が行う超自然的なわざを奇跡として位置づけ、神に由来する正しいものとする一方で、シモンの行う超自然的なわざを呪術＝魔術として位置づけ、悪魔に由来する誤ったものと評価することになった。のちの時代になると、シモンと悪魔は結びつけられるようになる。またこの世の栄華と引き換えに、自分の魂を悪魔に売り渡した魔術師ファウストの伝説の源のひとつとしてシモンはみなされるようになっていく。

この話のほかにも、聖書には呪術を行う者に対する規定がいくつか見られる。五世紀初め頃、聖ヒエロニムスが中心になって成立した中世カトリック教会の標準的なラテン語訳公用聖書ウルガタの『出エジプト記』（二二：一八）には「邪悪なことを行う者は生かしておいてはならない」と記されている。「邪悪なことを行う者」（マレフィコス）という言葉は、

時代を経る中で次第に魔女と同一視されるようになり、近世の魔女狩りの時代に魔女を処刑する根拠として頻繁に引用された。魔女狩り支持を表明した書『悪魔学』（一五九七年）を著したスコットランド国王ジェイムズ六世（イングランド国王ジェイムズ一世）の裁可により、一六一一年に編集発行された欽定訳聖書では次のように記されている。「魔女（ウィッチ）は生かしておいてはならない」。

ヤーコプ・コルネーリス・ヴァン・オーストツァネン作『サウルとエン・ドルの魔女』(1526年)。この絵では、旧約聖書『サムエル記 上』に出てくる降霊術を行う「口寄せのできる女」と、新しく出現してきた魔女が同一画面に描かれている。

　さらに旧約聖書『レビ記』（二〇：二七）には、「男であれ、女であれ、口寄せや霊媒は必ず死刑に処せられる。彼らを石で打ち殺せ。彼らの行為は死罪に当たる」と記されている。欽定訳聖書では「口寄せ」「霊媒」にあたる言葉が「使い魔（ファミリア・スピリット）を所有する者」「魔法使い（ウィザード）の者」と記されている。使い魔はイングランドに顕著に見られた民間信仰で、魔女が悪行を行う際に手助けをするネズミやイタチなど小動物の姿をした悪魔のことであり、近世イングランドの魔女狩りに関連する史料に頻出するものだ。魔法使いは、一般的に魔女の男性形を指す言葉である。また『申命記』（一三：五）には、「預言者や夢占いをする者は処刑されねばならない」という記述もある。加えて、『サムエル記上』（二八：三―二〇）には、イスラエルの初代の王サウルがエン・ドルの口寄せのできる女のもとを訪れ、預言者サムエルの霊を呼び起こす話があるが、先述のボダンはこの女を魔女とみなした（『魔術師の悪魔狂』）。近世の魔女狩りの根拠は、このように聖書の中にも準備されていたのである。

　古代末期のキリスト教神学者たちの記述の中にも、呪術の悪魔化を読み取ることができる。たとえばオリゲネス（一八五頃―二五四頃）は、『ケルソス駁《ばく》論』（二四八年）の中で、悪魔と呪術の関連性を説いている。オリゲネスは呪術の秘匿性を指摘し、呪術に悪魔の影響のしるしを見た。さらに妖術師を詐欺師とみなした。「教会史の父」カエサレア司教のエウセビオス（二六〇頃―三四〇頃）は、古代ギリシア由来の善きダイモンの概念を熟知していたにもかかわらず、それにまったく触れず、邪悪なダイモンすなわち悪《デー》魔《モン》に触れて非難している。「ダイモンどもに供物を捧げるくらいなら、生贄として自分たちの魂を死に捧げよう。そう、邪悪なデーモンという暴君のもとで生きながらえるよりは、死んだほうがましである」（『福音の論証』）。さらにエウセビオスは言う。妖術師は悪魔の奴隷であり、悪魔を召喚し、不浄で下劣な妖術を行

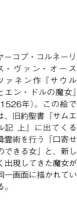

うと。

初期キリスト教の最大の教父、聖アウグスティヌス（三五四―四三〇）は、呪術と悪魔のつながりを全教父たちの中で最も率直に表明したことで知られる。アウグスティヌスは悪魔と呪術について、『悪魔の占いについて』と『神の国』（四一三―二七）の中でとりわけ詳しく論じている。『悪魔の占いについて』の中で、アウグスティヌスは、既に言及した、三九二年のセラピスの神殿破壊を異教徒の占い師が予言したが、それは占い師が悪

ミヒャエル・パヒャ作『聖アウグスティヌスに悪徳の書を広げる悪魔』（1483年）。悪魔の誘惑に対する聖アウグスティヌスの表情は、毅然としている。

魔と結託していたから可能であったと述べている。また『神の国』で、次のように語っている。「悪魔どもは善良で分別ある人間が嫌悪し非難する事柄に喜びを見出すだけでなく、呪術的な行為によって法を踏みにじることに喜びを見出す」。

スウェーデンの地理学者・歴史学者オラウス・マグヌスが著わした『北方民族文化誌』（1555年）の挿絵。女性が壺を逆さにし、嵐を引き起こす魔術を行っている。海は荒れ、船が転覆し、人々が投げ出されている。

呪術師の実像

呪術師の実像と処遇はどのようなものだったのだろうか。呪術を用いて人間や家畜に対して病や死などの害悪をもたらすと信じられている存在は、過去・現在を問わず多くの地域や社会で見られる。そして、そうした行為を行う呪術師たちは、時と場合によって迫害されることもあった。近世の魔女狩りの時代には、そのような存在が魔女とみなされ火刑台に送られたのだが、すでに古代ギリシア・ローマ時代にもよく似た例は存在した。

古代ギリシアのいくつかの都市では、「有害な薬」の使用に対する禁令が存在した。それを直接示す現存の史料は、イオニアの都市テオスのものだが、同様の規則は他の場所でも見られたと考えられる。「都市に対してであれ、個人に対してであれ、テオスの人々に対し、有害な薬を使用する者は誰であれ、その者自身とその全家族が滅ぼされる」。

「有害な薬」の具体的な影響は不明だが、恐らく不作の原因となる季節外れの悪天候をもたらしたり、病を引き起こしたりする呪術に用いられると考えられたようだ。薬、すなわちギリシア語のファルマコンは薬と毒の相反する二つの語義をもっていた。だが、キルケがオデュッセウスの仲間に与えた魔法の薬は、有害なファルマコンだった。

古代ローマでは、有害な呪術は処罰に値する犯罪だった。共和政期の前四五〇年頃に作成されたローマ最古の成文法『十二表法』には、呪術を用いて他人の畑の産物に損害を与えたり、これを自分の畑に吸収したりする者に対し、杖で打ったうえで火刑に処すことが定められている。この種の呪術を使う者に対するこういった処遇は、近世の魔女狩りを彷彿させる。

ローマの歴史家リウィウス（前五九―後一七）の『ローマ建国史』によれば、前三三一年、多数の死者をもたらした流行病の原因として一七〇人の女性が毒殺の咎《とが》で処刑された。病を流行らすため毒を調合したという嫌疑である。当時の毒殺（ウェネフィキウム）とは、文字通りの毒殺というよりは呪術を用いて秘密裡に殺人を犯すことを意味した。さらに前一八四年、前一八〇―前七九年に大規模な迫害がローマ近郊を含むイタリアの地で起こり、前者では二〇〇〇人、後者では三〇〇〇人が処刑されたが、これも毒殺という呪術の嫌疑である。もしもこの数値を信じるとすれば、近世の魔女狩りの規模をはるかに凌駕する数である。また、不測の病の原因を毒物散布に求め、その容疑者を告発・処刑するというやり方は、中世のユダヤ教徒迫害と近世の魔女狩りを想起させる。社会不安をもたらした存在に、あらぬ罪を着せて処刑するという迫害様式は、同じものと言えるだろう。

　前八一年、ローマの独裁官スラにより公布された『コルネリウス法』の第五章「殺人者と毒殺者について」は、「有害な薬物を殺人の意図をもって売り買い所有する」者を裁くことを定めている。この法の背景には当時の呪術に対する意識の高まりがあったと考えられる。この法は、中世末・近世の魔術に関する法律の重要な典拠のひとつとなった。

　帝政期になり、キリスト教が普及する過程で、呪術に対する眼差しは次第に厳しいものとなった。コンスタンティヌス帝は三二〇年頃、占い師に個人が相談すること、腸卜者《ちょうぼく》（生贄の獣の内臓で占いをした占い師）が個人宅に出入りすることを禁じた。ローマの歴史家アンミアヌス・マルケリヌス（三三〇頃―九五頃）は、飢饉と病が流行り社会不安が高まったコンスタンティウス二世治下（在位三三七―六一）では、占い師に相談したり呪文を使ったりした者は死刑に処されたと述べている。また三七〇年頃、ヴァレンティニアヌス一世は多くの占い師、降霊術師、呪術師を処刑し、同じ頃、共同統治した弟の皇帝ヴァレンスもエフェソスやコンスタンティノープルなどのローマ帝国東部の領域で占い師、妖術師、呪術師を反逆罪の咎で処刑した。

　キリスト教の様々な教会会議も呪術に対して厳しい決定を下している。三〇六年、エルビラ教会会議は有害な呪術を使って殺人を犯した者の葬式を禁じ、三一四年のアンキュラ教会会議は、占いを使った者に長期の苦行を命じた。また四世紀後半のラオディキア教会会議をはじめとする教会会議が聖職者の呪術使用を禁じている。

中世前期の「魔女」

中世前期の「魔女」迫害

　三九五年、ローマ帝国は東西に分裂し、四七六年に西ローマ帝国はゲルマン人傭兵隊長オドアケルによって滅ぼされた。四世紀から六世紀にかけてのゲルマン人の大移動によって、ローマ帝国領内には数々のゲルマン人の王国が築かれた。この過程で、もともと多神教を信仰していたゲルマン人はキリスト教に改宗していった。

　有害な呪術の危険性についてはこれらゲルマン人の諸王国においても認識されており、「魔女」の処刑も実行されていた。たとえば、フランク族の一支族サリ族の部族法典『サリカ法典』（五、六世紀に成立）は、呪術の罪を犯したことを償うことができなかった者は、火刑に処されるべきだと規定している。

フランク王国のカール大帝（在位七六八―八一四）は、有害な呪術（マレフィキウム）に対して厳しく対処した。七八九年に発布された『一般訓令』は、教会組織や一般信徒に教えるべき基本教理など王国内におけるキリスト教改革にとって重要な事柄を述べたものだが、その中で「呪術師、魔法使い、魔女」は寛容に取り扱われてはならないと言明されている。マレフィキウムという語は、近世の魔女裁判の時代にも、悪魔学論文などにおいて頻出するものである。

カール大帝の時代と同じ頃の「魔女」迫害について、リヨン大司教アゴバルドゥス（七六九―八四〇）が証言を残している。アゴバルドゥスは、雹《ひょう》と雷の大嵐に関する説教の中で、天候呪術師（テンペスタリウス――「嵐屋」とでも訳せようか）とみなされた者たちに対して民衆がリンチを加えていると述べている。アゴバルドゥスによれば、不作に激怒した民衆たちは、マゴニアという異国から飛行船に乗って秘密裡にやって来た者たちが、穀物を掠め取りマゴニアに持ち帰ったという突拍子もない考えを抱いた。不安は攻撃心に変わり、八一六年、暴徒がマゴニア人と勘違いされた三人の男性と一人の女性に投石し、殺害しかねないありさまであったという。マゴニアという異国名が示すように、不作はマジック（呪術）と関連づけられていた。アゴバルドゥスは次のように強調する。雷を伴う嵐は、自然の作用あるいは神の作用によってのみ引き起こされるのだ。

フランク王国のルートヴィヒ一世（敬虔王、在位八一四―四〇）が病にかかったとき、息子ロタール一世（在位八四〇―五五）はシャロンシュルソーンのゲルベルガという名の修道女を捕え、この女を有害な呪術と毒物を使用した「魔女」として溺死刑に処した。東フランク王国の王アルヌルフ（在位八八七―九九）は突然亡くなったが、この件で一人の男性の妖術師とルドプルグという名の一人の「魔女」が拷問され処刑された。フランドル伯ディートリヒが病にかかったときは、一人の女性が呪術により病を引き起こしたとして捕えられ、一一二八年に生きたまま火刑に処された。

エドガー王（在位九五九―七五）治下のイングランドでは、一人の未亡人がアルジーという名の男性に告発されている。理由は人形に釘を打ち込んで彼を殺害しようとしたというものである。人形は家宅捜査で発見され、裁判後この女は九七〇年頃、ロンドン橋で溺死刑に処せられた。女の息子は逃亡し、公的権利を剥奪された。彼らの財産はエドガー王によって没収され、呪術の犠牲者とされた者に引き渡された。

デンマーク王ハーラル三世（在位一〇七六―八〇）は、教皇グレゴリウス七世（在

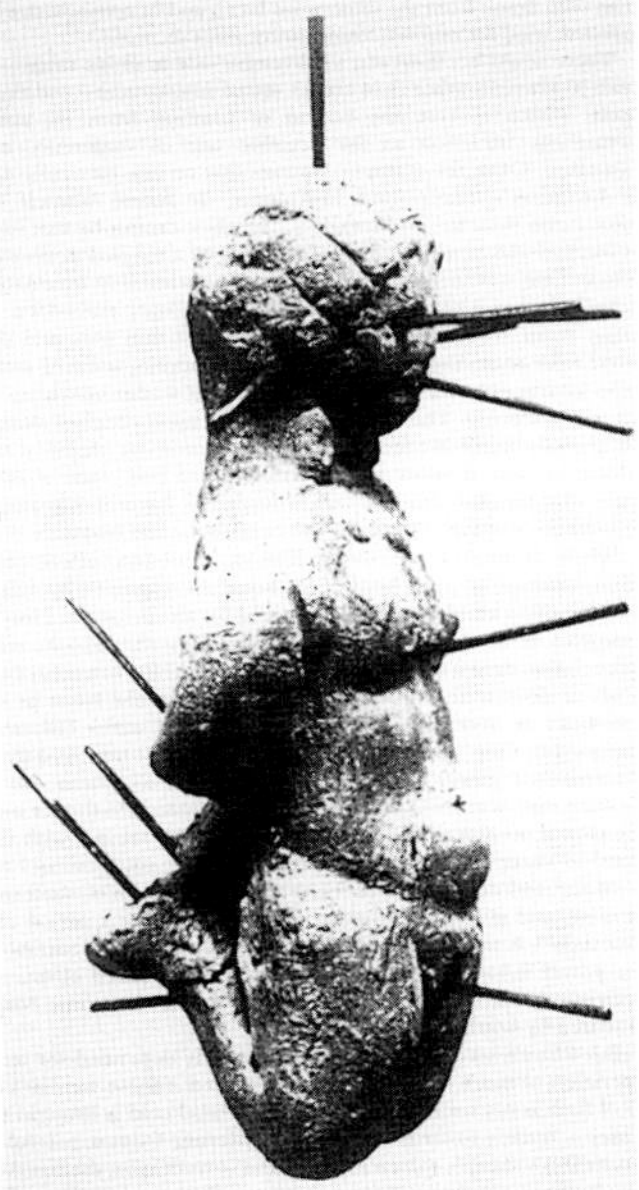

呪う相手をかたどった人形に針をさす行為は、古代ギリシア時代にも見られた（ルーヴル美術館蔵）。

位一〇七三―八五）から、嵐や病気を引き起こした責任を老女やキリスト教の聖職者に負わせ、彼らを残虐な方法で殺害しないように、一〇八〇年に訓告されている。教皇はデンマーク王に宛てた書簡の中で、これらの災いは人間の罪に対する神の罰であり、神のみによって起こされたものであること、無実の人々を殺害することは神の怒りを増大させるだけだと述べている。

　中世前期の「魔女」迫害の様子を教えてくれる事例はこのほかにもあり、この時代に「魔女」狩りが行われていたことは疑いない。しかし注意しておきたいのは、この時期の「魔女」の罪は、中世末から近世にかけて起こった魔女狩りで問題となった魔女の罪と本質的に異なるということである。中世前期の「魔女」の罪では、悪魔崇拝や十字架冒瀆といったキリスト教信仰の明白な否認、空中飛行や動物変身、乱交や食人行為は問題となっていない。つまり、魔女が集団で集まり、悪魔的で反キリスト教的な儀式を行う「サバト」に集約される魔女信仰が問題になってはいないのだ。既に確認したように、古代末期には呪術と悪魔の関連性は指摘され始めていたものの、中世前期における「魔女」は中世末以降問題となる悪魔崇拝者としての魔女とは異なり、有害な呪術《マレフィキウム》を行う呪術師という色彩が強い。悪魔崇拝者としての魔女の誕生の経緯については、中世後期以降ヨーロッパ社会で深刻化する異端の問題を考えなければならない。

夜の貴婦人たち

　リヨン大司教アゴバルドゥスや教皇グレゴリウス七世に見られるように、中世前期の「魔女」迫害に対しては、懐疑的な姿勢がとられていたことがわかる。言い換えれば「魔女」信仰に対する懐疑だが、これについて見落とすことができないのが一〇世紀の『司教法令集《カノン・エピスコピ》』の記述である。

　九〇六年頃、プリュムの元大修道院長レギノによって著された『司教法令集』は、その後もいくつかの教会法集成の中で繰り返し取り上げられ、最終的に一一四〇年頃、「教会法学の祖」グラティアヌスの教令集の中に入れられた。『司教法令集』第二巻は、民衆たちに対する教会の規律を扱ったものだが、その第三七一章に中世末以降「魔女のサバト」と呼ばれることになる民間信仰に関する記述が出てくる。

「サタンに身をゆだね、悪魔《デーモン》の幻覚と幻影により誘惑された邪悪な女どもが、次のように信じ公言している。自分たちは夜中に異教徒たちの女神ディアーナと無数の女どもと一緒にいろいろな獣に騎乗し、夜のしじまの中、地上を広くへめぐり、女主人のようにディアーナの命令に従い、ある晩に奉仕すべく召喚されると」。

「夜の貴婦人たち」とも称されるこの種の民間信仰は、中世に多く見られた。たとえば時代は下るが、一三八四年と一三九〇年にシビッリアとピエリーナという二人の女性がミラノの異端審問裁判所で裁かれた。二人の女性が語るには、彼女たちは木曜日ごとにオリエンテ様という不可思議な婦人が主宰する集まりに出かけたが、そこにはロバと狐を除くすべての動物がおり、打ち首や縛り首にされた者たちもいた。

　オリエンテ様の例のように、この民間信仰の中核に位置する異教の女神の名称は地域によって様々である。北ドイツの地域では、ホルダ、ホレ、ホルトなどの名称で呼ばれたが、これらは北欧神話の主神オーディンの妻である結婚と多産の女神の呼称だった。また南ドイツでは「輝

水浴中のディアーナを見てしまったアクタイオンは女神の逆鱗に触れ、鹿の姿に変えられ、女神と猟犬に追い立てられ八つ裂きにされた。ディアーナは狩猟の神でもあった。ティツィアーノ『アクタイオンの死』（1560年頃）。

く者」という意味を持つペルヒタ、ベルタと呼ばれた。このほかにもヘロディアス、ヘルレキン、サトゥルヌスなどの例があり、男性神である場合もある。

ローマの女神ディアーナ（ギリシア神話名アルテミス）は、月の女神、狩猟を好む処女、太陽神アポロの妹であり、光と天空に関わる神である一方で、狩人であることから動物の保護者とも考えられ、狩りの収穫を保証するという面から豊穣信仰とも結びつけられる存在だった。この女神は、ギリシアの女神ヘカテーと同一視された。なぜならヘカテーは豊穣の女神・月の女神・夜と冥界の女神でもあったからである。既に述べたようにヘカテーは呪術と深く関わる女神でもあった。「夜の貴婦人たち」という民間信仰は、「野蛮な狩猟」あるいは「荒ぶる軍勢」という民間信仰と関わっている。これも中世ヨーロッパの各地に見られた民間信仰で、異教神に率いられる死者の行列であった。ミラノの異端審問裁判所で裁かれた二人の女性の証言に刑死者が含まれているのは、「野蛮な狩猟」と「夜の貴婦人たち」という二つの民間信仰が融合した結果であると考えられる。

このような民間信仰は、魔女狩りが

徐々に広がりつつあった中世末の一五世紀後半にも残存していた。ドミニコ会修道士ヨハンネス・ヘロルトの『説教集』（一四七四年）には、「俗語でウンホルデ、または聖なる婦人と呼ばれているディアーナが、夜中に自分の軍隊を引き連れて多くの場所を周回すると信じている者たち」がいたと記されている。

これらの民間信仰は、中世末の一四世紀中頃から一五世紀はじめにかけて魔女のサバトの重要な要素として現実視され、魔女信仰に統合されていくことになる。しかし、『司教法令集』が編集された頃の中世前期にはまだ懐疑的姿勢が存在していた。『司教法令集』は次のように語っている。

「数多の人々が、この誤った見解に騙され、これが真実であると信じ……正しい信仰から逸脱し、異教の誤りに戻っている……よって司祭たちはすべての教会で、人々が以下のことを知るように強く説教するべきである。これはあらゆる点で誤りであり、そのような幻影は不信心者の心に、神ではなく悪霊によって押しつけられたものなのだ」。このような立場は、中世末から近世にかけての魔女狩りの時代には、魔女の実在を疑うものとして批判されるようになる。

アゴスティーノ・デイ・ムシ作『魔女の行進』（1518年頃）。骸骨姿の獣、既に息絶えている幼児の姿、そしてその行進は「野蛮な狩猟」の特徴である。一方、山羊の姿、乳房を垂らし煙が噴き出す壺を抱える老女は魔女を想起させる。魔女はディアーナと重ね合わされているのかもしれない。

ウルス・グラーフ作『荒ぶる軍勢』（1520年頃）。画面下には戦争や刑罰の場面が描かれ、不慮の死や意図せざる死が暗示されている。上空の２人はおそらくマルスとヴィーナスを表しており、性的意味合いがほのめかされている。肉体的破壊＝死だけでなく、道徳的破壊に対する戒めを意図したものだろう。

第二章　魔女狩りの始動

異端と魔女

異端の叢生

一一〇〇年から一三〇〇年にかけて、有害な呪術《マレフィキウム》に対する裁判が減少した。はっきりした理由はわからないが、この頃のヨーロッパが全体的に発展の時代であったことが関係しているのかもしれない。

この時期は、ヨーロッパで森が切り開かれ、新しい農地や集落が盛んにつくられた「大開墾時代」にあたっており、温暖な気候と豊富な収穫物に恵まれた時期であった。たとえばブドウは、イングランドや北ドイツ、南ノルウェーでも育った。多くの都市が誕生したのもこの時期のことである。人口の増大も見られ、一〇〇〇年から一三四〇年までにヨーロッパの総人口は倍増したといわれている。このような時代に生きていた人々の心性が、大量死をもたらした黒死病（ペスト）が流行し、ヨーロッパが衰退に向かう一四世紀中頃以降に比べれば、相対的に楽観主義的であったことはありうることである。温暖な気候の影響で、天候不順による不作はほかの時期に比べると少なく、それが有害な呪術に対する告発を少なくしたのかもしれない。

しかし、このような発展の裏側で、中世末以降の魔女狩りに大きな影響を与えることになるキリスト教界の重要問題と、それに関わるある制度が生み出されていた。すなわち異端と異端審問制度である。中世盛期になるとカトリック教会には聖職売買や聖職妻帯といった道徳的腐敗が多く見られるようになっていた。このような状況に対して教会改革に着手したのが教皇グレゴリウス七世である。教皇就任一年後の一〇七四年には、教会会議で聖職売買聖職者の罷免、妻帯聖職者のミサ執行停止などを再確認し、翌年には教皇勅書により、教皇権の至上性と教皇権が世俗君主権よりも優位にあることを主張した。これが神聖ローマ皇帝ハインリヒ四世（在位一〇五六―一一〇六）とのあいだに聖職叙任権闘争をもたらすのだが、一〇七六年の皇帝破門と、翌年の皇帝が教皇に赦しを乞うた「カノッサの屈辱」を経る中で、教皇権は高まっていく。聖職叙任権闘争は一一二二年のウォルムスの協約で終結し、その後、インノケンティウス三世（在位一一九八―一二一六）の登場によって教皇権は絶頂期を迎えた。

この間、教会改革の意識の高まりとともに、高い宗教意識に目覚めた人々によってプレモントレ会やシトー会などの新しい修道会が創立される一方で、民衆のあいだでも激しい宗教意識の高揚が見られた。それが異端の叢生《そうせい》につながってく

異端者に対して説教するレーゲンスブルクのベルトルトの様子（1447年）。

聖ドミンゴ・デ・グズマンによる異端の火刑。ペドロ・ベルゲテ作（15世紀末）。

る。

異端とは、キリスト教の正統教義と異なる説のことである。正統教会側から異端の烙印を押された人々が、非キリスト教的であったわけではない。彼らの多くは聖書にもとづく生活を文字通りに実践しようとし、無所有、清貧、禁欲を徹底的に貫こうとした人々であった。しかしその徹底さと宗教的情熱ゆえに、異端者は教皇の許可を得ないまま民衆に向かって説教活動を行い、また人間の肉体を過度に蔑視し悪魔由来のものとする霊肉二元論をとることもあった。独自の説教活動や、神と匹敵するような力をもつ悪魔に対する認識、ここに彼らが正統教会側から異端と呼ばれる理由の一端があった。正統教会からすれば、説教活動ひとつにしても、教皇の許可なくして行うことは許されるものではなかった。なぜなら教皇は、キリストから教会の聖務を委託された第一の使徒ペテロ（『マタイによる福音書』一六：一八―一九）の後継者と理解されていたからである。また、創造主であり万物を超越した存在である神と同等の力をもつような悪魔という考え方は、異端者を悪魔崇拝者と同一視することを容易にした。

中世最大の異端、カタリ派

カタリ派は、一二、一三世紀に南フランスとイタリアを中心に西欧各地に展開した中世最大の異端とされた一派だが、その形成に大きな影響を与えたのが一〇世紀にバルカン半島で生まれたボゴミル派である。ボゴミル派は無所有、清貧を唱え、物質や肉体を悪魔の創造とする善悪二元論をとり、東ローマ（ビザンツ）帝国で異端として迫害・弾圧され一四世紀に滅亡した。この異端の行為について、一三世紀中頃かそれ以前に書かれた論文「悪魔どもの仕業について」は次のように記している（ちなみにこの論文の著者は、一一世紀中頃の東ローマ帝国の哲学者・政治家ミカエル・コンスタンティノス・プセロスといわれてきたが、現在は別人とされている）。

「夕方になると、彼らは指定された家に自分たちの祭礼に加入させた若い娘たちを連れてくる。そして忌まわしい行為が光で露わにならないようにロウソクの火を消して、みだらに娘たちにのしかかる。関係をもつ女は自分の姉妹・娘・母親であることもある。このようなことを行う理由は、血族間の結婚を禁じている神の法を犯すことによって、悪魔たちを大変喜ばせることをしていると彼らが考えるからだ。忌まわしい性関係で誕生した赤子は誕生後三日目に母親から奪い取られ、その血と肉が集会で食される」。

ボゴミル派の罪状として近親相姦を含む乱交と食人が挙げられ、これらの行為が悪魔に対する称賛と関連づけられていることに注意しておきたい。いずれも中世末以降の魔女のサバトで問題とされることになる諸行為である。

カタリ派も善悪二元論の立場に立ち、霊界を司る善神と現実界を司る悪神を想定し、結婚や財産私有を否定する禁欲生活を送った。南フランスでは流行の中心地の名にちなみアルビ派とも呼ばれた。カタリの語源には「カタロイ」（ギリシア語で〝清浄者〟）や「カットゥス」（ラテン語で〝猫〟）などの説がある。一二世紀フランスの神学者で膨大な学識で名を知られたアラン・ド・リールは『現代の異端を駁す』（一二世紀末頃）の中で、カタリ派がなぜそのように呼ばれるのかギリシア語起源のカタロイ説を紹介しながらも、「猫」のラテン語説を主張する。曰く、カタリ派の連中には魔王が猫の姿で出現し、彼らの接吻を受けるからだと言う。カタリという語が猫に由来するという説は当時広く受容されていた。一一七九年にローマで開催された第三ラテラノ公会議で、ともに出席していたド・リールからこの話を聞いたと思われるイングランドの聖職者ウォルター・マップは、『宮廷人の慰みごと』（一一八〇年頃）で次のような異端の行為について語っている。「夜中に異端者たちは固く閉ざされた家

穴に入れられ火刑に処される異端者たち（1494年）。

ヨハンネス・ティンクトリス著『ワルド派駁論』（1469年）より。雄山羊を崇拝し、尻に接吻する一団、空中を箒に乗ったり、悪魔に連れられて集会に集まってくる様子は魔女のサバトそのものである。右と下の円形画面では、悪魔の指示に従い、猫と猿の尻に接吻する様子が見て取れる。

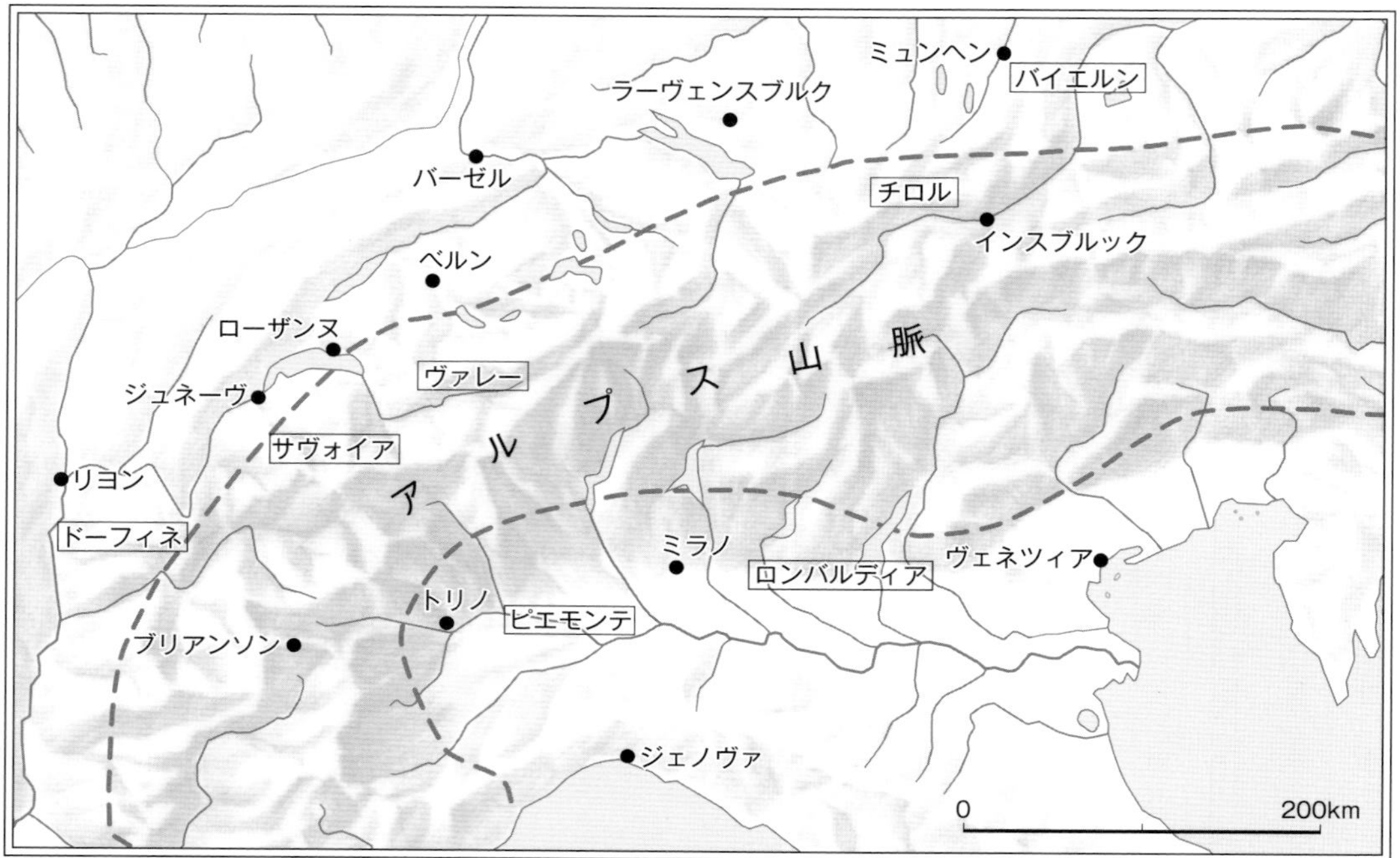

中世末における魔女狩り重要地。中世末における異端ワルド派の逃亡地と魔女狩りが行われ始めた地域は、ともにアルプス山脈西方一帯であった。異端と魔女が関連している重要な証拠と言える。地図中の地名については本文を参照。

ミラノ（イタリア）ーパリ（フランス）間のアルプス山脈。平均高度2500メートルの峻険な山脈が連なり、雪原や氷河がある。異端が逃げ込んだ地であったが、峠道が通り、古来、イタリアと北方ヨーロッパを結ぶ重要な交通路でもあった。写真は3月のもの。著者撮影。

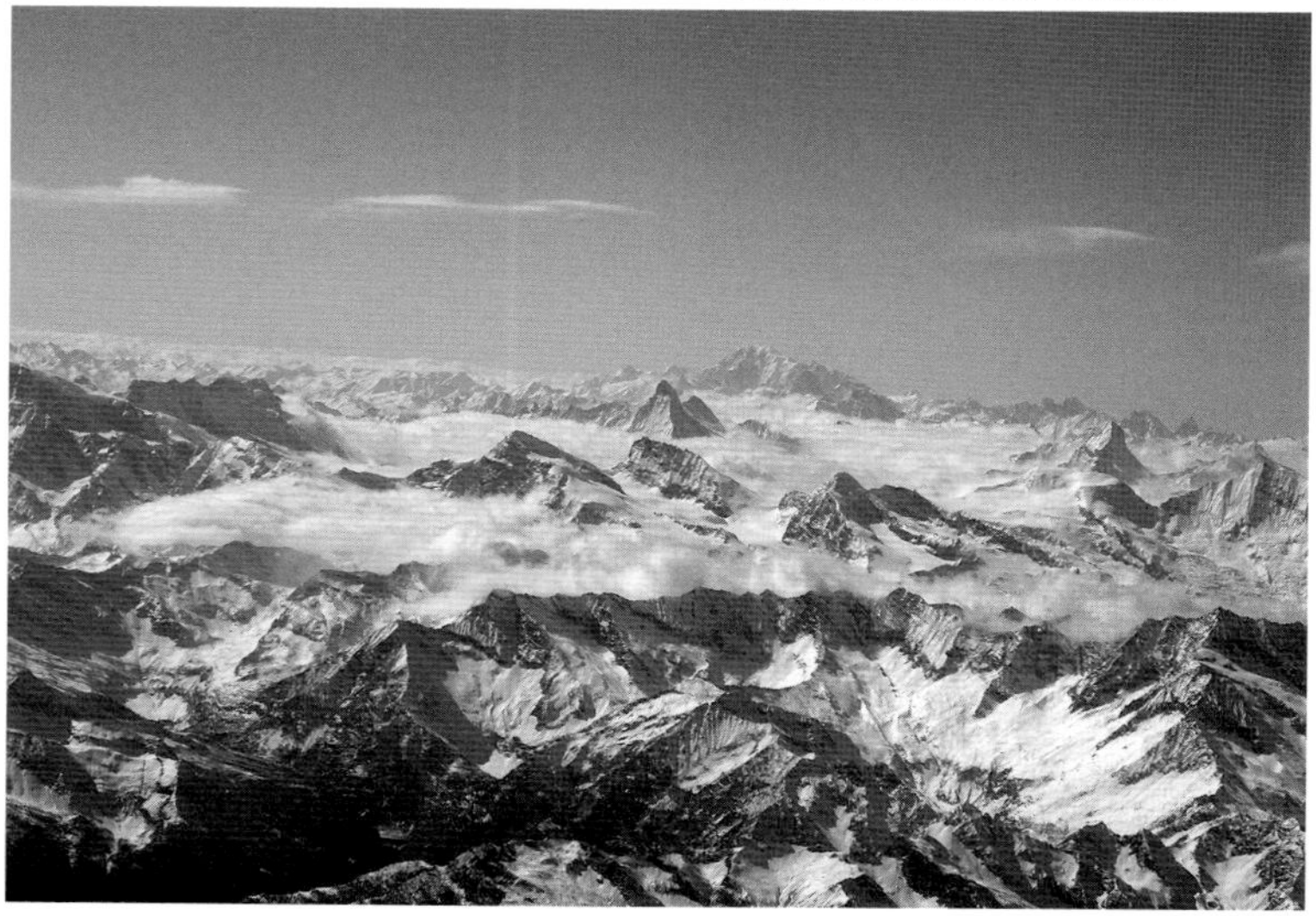

に集まる。やがて大きな黒猫が突然ロープを伝って彼らの間に降りてくる。あかりが消されると異端者たちは讃美歌を呟きながら主人である猫の周りに群がり、その足や性器や尻尾の下に接吻をし始める。この儀式の後、異端者たちは乱交を始める」。

正統教会から異端というレッテルを貼られた人々が、その本来の信仰や教義を曲解されて忌まわしい諸行為にふける悪魔崇拝者とされてしまったのである。カタリ派は異端審問の徹底と数次にわたるアルビジョワ十字軍により、一三世紀中頃には勢力を弱め、やがて消滅した。

アルプスのワルド派

ワルド派は、カタリ派と並ぶ中世を代表する異端のひとつである。フランスのリヨンの富裕な商人ワルドは、一一七三年頃、吟遊詩人の謡《うた》う聖アレクシウス伝(アレクシウスは五世紀のローマの貴族だったが、世俗的生活を捨て禁欲生活を送ったことで知られる)を聞き、また「もし完全になりたいのなら、行って持ち物を売り払い、貧しい人々に施しなさい。そうすれば、天に富を積むことになる」(『マタイによる福音書』一九：二一)というキリストの言葉に感銘を受けて回心し、財産を貧者に分け与えて妻と別れ、遍歴して説教する生活に入った。信奉者は瞬く間に増え、勢力を増大させた。

ワルド派は清貧・禁欲を旨とする聖書中心的な生活を送り、盛んに説教活動を展開した。一一七九年、彼らは活動の公認を得ようと第三ラテラノ公会議に出席したが、教皇アレクサンデル三世(在位一一五九—八一)にその清貧ぶりを称賛される一方で、聖職者の同席なしに勝手に説教活動をすることは禁止された。しかし、ワルド派は禁止を無視して説教活動を続けた。その結果、一一八四年、ヴェローナ教会会議において、「リヨンの貧者」ことワルド派は公式に異端の宣告を受けた。しかしその後かえって信奉者は増加し、イングランドを除くほぼ全ヨーロッパに広まっていった。

教皇インノケンティウス三世の時代以降、異端審問によってワルド派は厳しい迫害を受け、フランス、スペイン、ロンバルディアなどで減少したが、西アルプスのサヴォイアやピエモンテの渓谷で生き続けた。アルプス山脈西方一帯——この地域は中世末の魔女の出現にとって、きわめて重要な地域となる。

ワルド派は正統教会側からどのようにイメージされていたのだろうか。一二三三年に布告された教皇グレゴリウス九世(在位一二二七—四一)の教皇勅書「ウォクス・イン・ラーマ」は、ラインラント付近のワルド派について述べたものだ。「新加入者が初めて忌まわしいセクトに入るとき、ある種の蛙が現われ、ある者は臀部に、ある者は口に接吻する。やがて青白くひどく痩せた男が現われ、彼にも新加入者は接吻するが、氷のように冷たい。接吻後、カトリック信仰の記憶は完全に消えてしまう。その後、食事が終わると、黒猫が後ろ向きに現われ、新加入者たちはその臀部に接吻し、臣従を誓う。その後、ロウソクが消されると乱交が始まる。見知らぬ者であろうが親族であろうが関係なく、同性間でも淫らな行為が行われる。彼らが日常生活に戻ると、毎年復活祭に司祭から聖餐のパンを受け取るが、彼らはそれを口中に入れて家に持ち帰り、神を侮辱して便所に放りこむ。彼らはルシフェル(魔王)を信仰し、彼が天国の創造者であると確信している」。

ワルド派という異端もまた、悪魔崇拝と乱交という罪を犯す集団として見られていたのである。異端に着せられた忌まわしい罪状は、中世末以降の魔女の罪状に受け継がれていく。異端とは、魔女の原像なのだ。

異端審問の制度化

異端審問は、急増した異端に対処するため一二世紀後半以降徐々に制度化された。一一八四年のヴェローナ教会会議において、司教が司教区を巡回し、世俗権の協力のもと異端の容疑者を探索することや、自説撤回を拒否した異端者や撤回後再び異端に戻った者が、処罰のため世俗権力に引き渡されることが定められた。この教会会議で教皇ルキウス三世（在位一一八一―八五）と神聖ローマ皇帝フリードリヒ一世（在位一一五二―九〇）は異端者の破門を決定した。

続いて一二一五年、教皇インノケンティウス三世のもとで開かれた第四ラテラノ公会議で異端審問の手続きが制定され、これを受けて皇帝フリードリヒ二世をはじめとする世俗君主が異端者を火刑にすることなどを定めた。一二三三年には教皇グレゴリウス九世によって教皇直属の異端審問裁判所が創設され、異端審問官にドミニコ会の修道士が任命されることになった（のちフランチェスコ会修道士も任命されるようになった）。ちなみにドミニコ会は異端撲滅の戦闘的精神にあふれる修道会であり、のちに触れる魔女狩りの手引書として名高い『魔女の槌』（一四八六年）を著した著者も同会所属である。

異端審問の訴訟手続きは公開されず、秘密裡に行われた。被告に弁護人が割り当てられることはほとんどなく、割り当てられた場合でも弁護人は被告を弁護するのではなく、自白を強いることに気を配った。被告の自由意志による自白がきわめて重要なものとみなされたが、拷問によって自白を引き出すことが許されていた。自白を引き出すために不定期間投獄することや、無実を言い張る場合には終身禁錮することも可能だった。自白すると三日後に召喚され、被告はその自白が拷問のせいではなく、自由意志によるものであることを明言せねばならなかった。その後被告の自白が当局に受け入れられると、罪の軽重にしたがって刑罰を受けたが、もし被告が自白を撤回するようなことがあれば被告は邪道に再び陥った異端とみなされ、生きたまま火刑に処すために世俗権力のもとに引き渡された。教会が直接処刑に手を貸すことはなかった。このような異端審問の訴訟手続きが、やがて魔女裁判の訴訟手続きに引き継がれることになる。

拷問の様子。16世紀のちらしより。

魔女像の結晶化と魔女狩りの始動

悪魔像の形成

魔女という存在は、悪魔と切り離せない関係にある。魔女は悪魔と契約を結び、サバトで悪魔崇拝を行い、その見返りとして人畜に損害を与える軟膏（悪魔から

ヨーハン・ハインリヒ・フュースリー作『悪夢』（1802年）。近代の絵画だが、夢魔のエロチックな特徴をよく表している。

与えられるもので、集会で料理された子供の脂肪が主成分である）や力を与えられたからである。魔女とは、悪魔の奴隷であった。魔女像の結晶化に悪魔が果たした役割を忘れるわけにはいかない。古代末期以降、キリスト教によって異教が悪魔化される過程で形成されていった悪魔像は、中世においてさらに精緻なものになった。一二、一三世紀のスコラ学隆盛の中で、神学者たちは近世の魔女狩り時代にも正統的なものとして受け継がれることになる悪魔像を練り上げた。悪魔は天使と同様、純粋な霊的存在であり肉や血を持たない。しかし、悪魔は大気と大地から発散する種々の蒸気を混合することによって、人間や獣の外見を取ることが可能だとされた。この身体は自然の諸要素から構成され、物質的な現実性を持つために人間との性行為も可能であった。たとえばスクブス（女夢魔）に姿を変えた悪魔は、睡眠中の人間の男と交わり精液を抜き取った後、インクブス（男夢魔）に姿を変え、睡眠中の人間の女と交わり懐胎させることが可能であると信じられた。

　ただし、当時の神学者たちは悪魔の力を限定的に捉えていた。悪魔は人間を獣に変えたり、男性から生殖器を取り去ったりできると信じられていたが、このような驚異的な仕業は、悪魔が生み出した幻覚にすぎないとされた。悪魔は実際には、人間の実質を変えたり肉体的構造を変形させたりできない。もちろん悪魔は、物体を集めたり分離したりすることで、自然の法則を無視して魔術を行うことは可能である。しかし悪魔は神の創造した世界の中で、神の許可のもとでのみ活動できるのである。悪魔の行為を現実とみなすか想像とみなすかという問題は、既に『司教法令集』（九〇六年頃）に言及したときにも触れたが、近世の魔女信仰において重要な問題となった。もしも魔女の行為が想像とみなされれば、魔女を処刑する根拠が失われるからである。

　また、悪魔が人間との間に取り交わす「契約」という考え方は、魔女信仰の中心に位置するものだった。契約を結ぶことによって、普通の人間が悪魔の奴隷と化すからである。契約という概念は、キリスト教社会にとってきわめて重要な意味を持つ。「旧約」聖書・「新約」聖書に見るように、そもそも契約とは神と人間の間で取り交わされるべきものなのである。

　人間と悪魔が契約を結ぶという考え方は、既に聖アウグスティヌスの記述に見られるが、西欧で広まったのは九世紀のことである。五世紀に聖ヒエロニムスが広めた聖バシレイオスの伝説は、少女の愛を得るため悪魔と契約する若者を聖人が救う話だが、九世紀のランス大司教ヒンクマルによっても語られ、「悪魔との契約」概念のひとつの源となった。

　六世紀に成立したキリキアのテオフィロスの伝説はより有名なもので、のちの時代にファウスト伝説の一源泉となり、さらに魔女信仰にも影響を与えた。もともとギリシア語で書かれた伝説が、ラテン語に翻訳されたのが九世紀のことである。司祭テオフィロスは一度辞退した司教の職を後悔し、それを取り戻そうとユダヤ教徒の魔術師に相談する。ユダヤ教徒は夜、人里離れた場所にテオフィロスを連れて行き、崇拝者に取り巻かれた悪魔と会わせる。悪魔はテオフィロスの願望成就と引き換えに悪魔に仕えること、神への忠誠を捨てること、肉欲と嘲笑と高慢の生活を送ることを約束させて契約書に署名させ、テオフィロスは恭順のしるしとして悪魔に接吻した。のちに契約の成就とともに地獄に引きずり込まれそうになったテオフィロスは後悔し、聖母マリアに助けられるのだが、神の放棄、悪魔との契約と接吻、悪魔崇拝者の集まりといった要素は、魔女のサバトを彷彿させるものである。

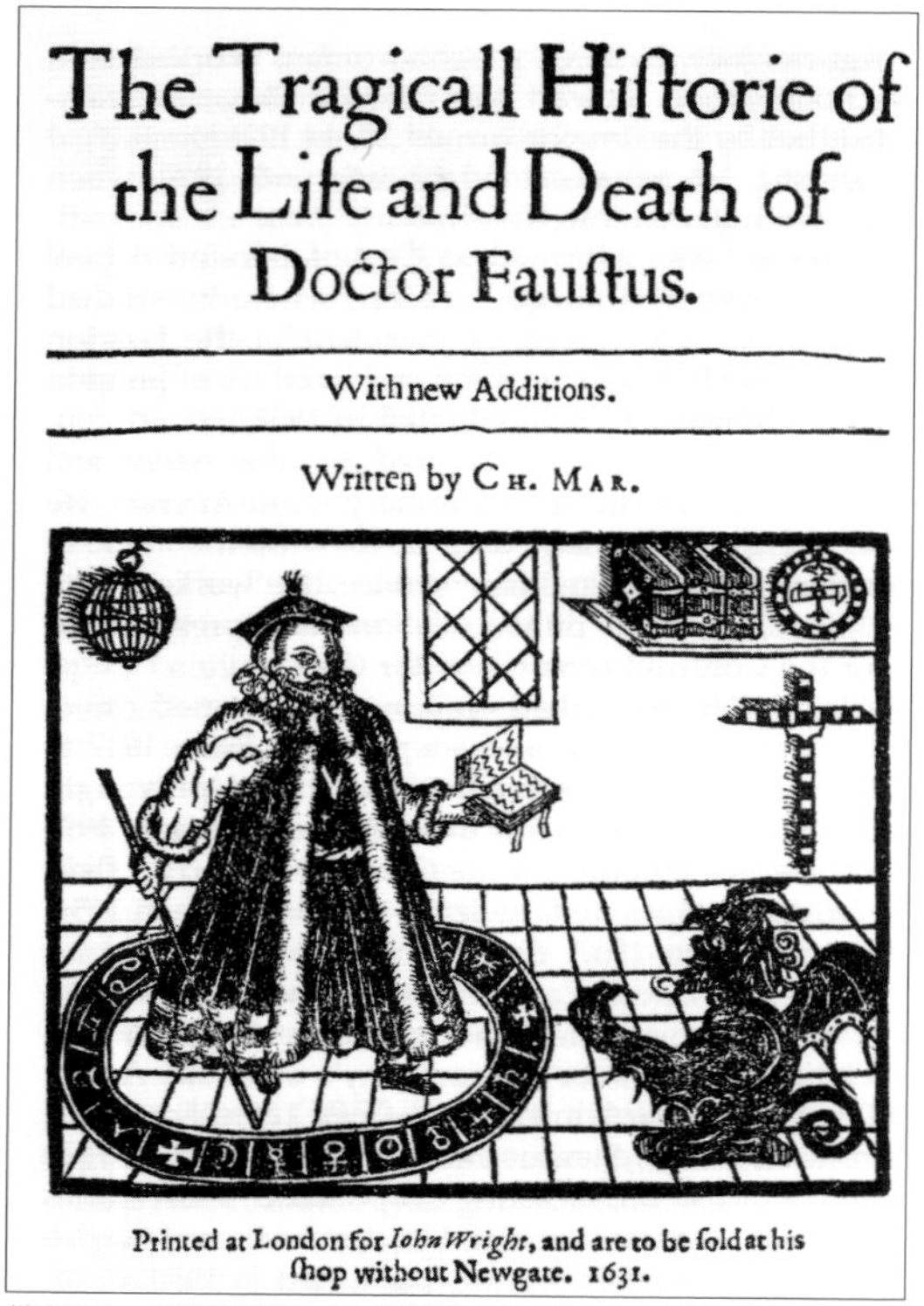

儀式によって悪魔を召喚する魔術師。イングランドの劇作家クリストファー・マーローー著『フォースタス博士の生涯の悲劇』の表紙絵（1631年版）。

ユダヤ教徒のイメージ

中世のあいだに練り上げられたユダヤ教徒のイメージもまた、魔女像の結晶化

ユダヤ教徒による儀式殺人。『コンスタンツ年代記』（1470年頃）より。

に影響を与えた。たとえば一二五五年のイングランドのリンカンでは、ユダヤ教徒がキリスト教徒の少年を十字架にはりつけにし、そこから降ろした後で臓腑を取り出し魔術に使用したと人々に言い立てられた。また一二八六年のミュンヘンでは、ユダヤ教徒はキリスト教徒の子供を殺し、手足を切断してその血を啜ると非難された。これらはユダヤ教徒に対する「血の中傷」と言われるものである。ときの皇帝や教皇が「血の中傷」を事実無根として否定することはあったが、多数のキリスト教徒は文字通り信じていた。

またユダヤ教徒には、「聖体冒瀆の中傷」も向けられた。一二一五年の第四ラテラノ公会議では、聖体変化が実体変化であると公式に宣言され、中世を通じて論争となっていた聖体論争に一応の決着をみた。つまり聖餐式におけるパンとブドウ酒が文字通り、イエスの血と肉に化体するとされたのである（化体説）。しかしこの宣言後、「聖体冒瀆の中傷」がユダヤ教徒に向けられるようになる。ユダヤ教徒が聖体であるパンを盗んで彼らの儀式において針を刺したり踏みにじったりするなどの冒瀆を行うとされたのである。キリスト教徒の子供を殺害し血を飲むこと（ある種の食人）や聖体冒瀆は、いずれも魔女の行為とされたものである。ちなみに第四ラテラノ公会議では、ユダヤ教徒とイスラーム教徒に対して衣服に特別な印をつけさせ、その差別を可視化することも定められた。

さらにユダヤ教徒の教会堂を意味する「シナゴーグ」という言葉が、とりわけ中世末を中心に魔女の「サバト」を意味する言葉として使用されたことにも注意しておくべきだろう。たとえば、『ガザリ派の誤謬《ごびゅう》』（一四三六年）では、魔女の集会をシナゴーグと記している。この書は、恐らくアルプス山脈西方で活動していた異端審問官――ポンス・フージュロンと推測される――によって著された。彼がカタリ派のイタリア方言であるガザリ派と呼んでいるのは時期と地域を考えるとワルド派のことだが、実際は魔女を意味している。してみると、この書では異端（カタリ派、ワルド派）とユダヤ教徒と魔女が重ね合わされて理解されているということになる。『ガザリ派の誤謬』には、魔女の典型的行為が数々描写されている。空を飛んで集会（シナゴーグ）に行く際に使用する棒に塗る軟膏の製造、黒猫の姿で現われる悪魔への崇拝、子供

の殺害とその肉を食べること、近親相姦を含んだ乱交、人間を殺害し悪天候を引き起こす粉薬の調合（この主成分も子供の脂肪）である。

魔女狩りの開始

魔女の様々な邪悪な行為の描写を含むこのような書が、『ガザリ派の誤謬』を含めて一四三〇年代を中心に四つ著されている。そして一四三〇年頃に大規模な魔女狩りが初めて起こった。その中心地域は、イタリア北部（サヴォイア）・フランス南東部（ドーフィネ）・スイス南部（ヴァレー）などいずれもアルプス山脈西方であった。魔女像の結晶化と魔女狩りの開始は、なぜ一五世紀初めにこの地域で起こったのだろうか。

先立つ一四世紀の西欧社会では、社会的周縁者の大規模な迫害が起こっていた。これにはそれまで続いた温暖な気候と打って変わってヨーロッパを襲った天候不順とそれに伴う飢饉の頻発、そして一三四七年から四九年にかけてヨーロッパ全土を恐怖に陥れた黒死病《ペスト》の大流行が生み出した社会不安が関係している。ハンセン病患者やユダヤ教徒が健常者殺害やキリスト教社会の転覆を目論んで陰謀を企てているとみなされ、逮捕され拷問を受け処刑されたのである。

一三二一年、健常者を殺害するため、井戸や泉に毒物を混入したとして多くのハンセン病患者がフランスで虐殺された。一四世紀前半のある年代記には、ハンセン病患者がフランスのほぼ全域で焼き殺されたとある。また別の年代記によると、

ハンセン病患者は外出するとき、鈴や鳴子を鳴らし、その存在を知らさなければならなかった。
バルトロマエウス・アングリクス著『事物の属性について』（15世紀半ば以降）の挿絵。

クエンティン・マセイス作『聖母子と聖三位一体の祭壇画』、『聖クロス』（右翼、1518年以前）。聖クロスの右太ももの黒い斑点は、黒死病の最初の兆候である。

ユダヤ教徒の虐殺（1475年）。

フランス王国全土でハンセン病患者が牢に入れられ、その多くが火刑に処されたが、彼らの自白によると高貴卑賤問わず健常者を殺して世界全体を支配することが目的であったという。

ハンセン病患者による毒物混入の噂とそれにもとづく告発・投獄・火刑は、フランス南西部を発端として北上し、やがてフランス全土に広まった。その大虐殺と隔離は、同年六月にフランス国王フィリップ五世の勅令によるところが大きい。また、毒物混入と陰謀の噂は、ほかのヴァリエーションを伴いながら流布した。たとえばイスラーム教徒のグラナダ王がユダヤ教徒に指示してハンセン病患者をそそのかしたという説や、ハンセン病患者とユダヤ教徒が共謀しているという説である。これらの説にもとづいて、ユダヤ教徒もまた迫害された。

一三四〇年代末、西欧世界を襲った黒死病の流行とともに、ユダヤ教徒がキリスト教徒を殺害するため井戸や泉に毒物を混入しているという噂が広まった。迫害の第一の標的が一三二一年のハンセン病患者から、ユダヤ教徒に移ったのである。膨大な数のユダヤ教徒が虐殺され、また逮捕され拷問を受け火刑に処された。迫害の波が発生したのはアルプス山脈西方のドーフィネやサヴォイアだったが、ここは一三二二年から二三年にかけてフランスから追放されたユダヤ教徒が大量に移住した場所であった。黒死病が流行する土地を追いながら、迫害の波はライン川沿いやドイツの中部・東部の諸都市に広がっていった。中央ヨーロッパの三百以上のユダヤ教徒共同体の約三分の二が迫害の犠牲となったと言われている。

黒死病の大流行から約半世紀経った一四〇九年、ジュネーヴ、ドーフィネ、アヴィニョンなどを含むアルプス山脈西方の広大な地域で総異端審問官を務めてい

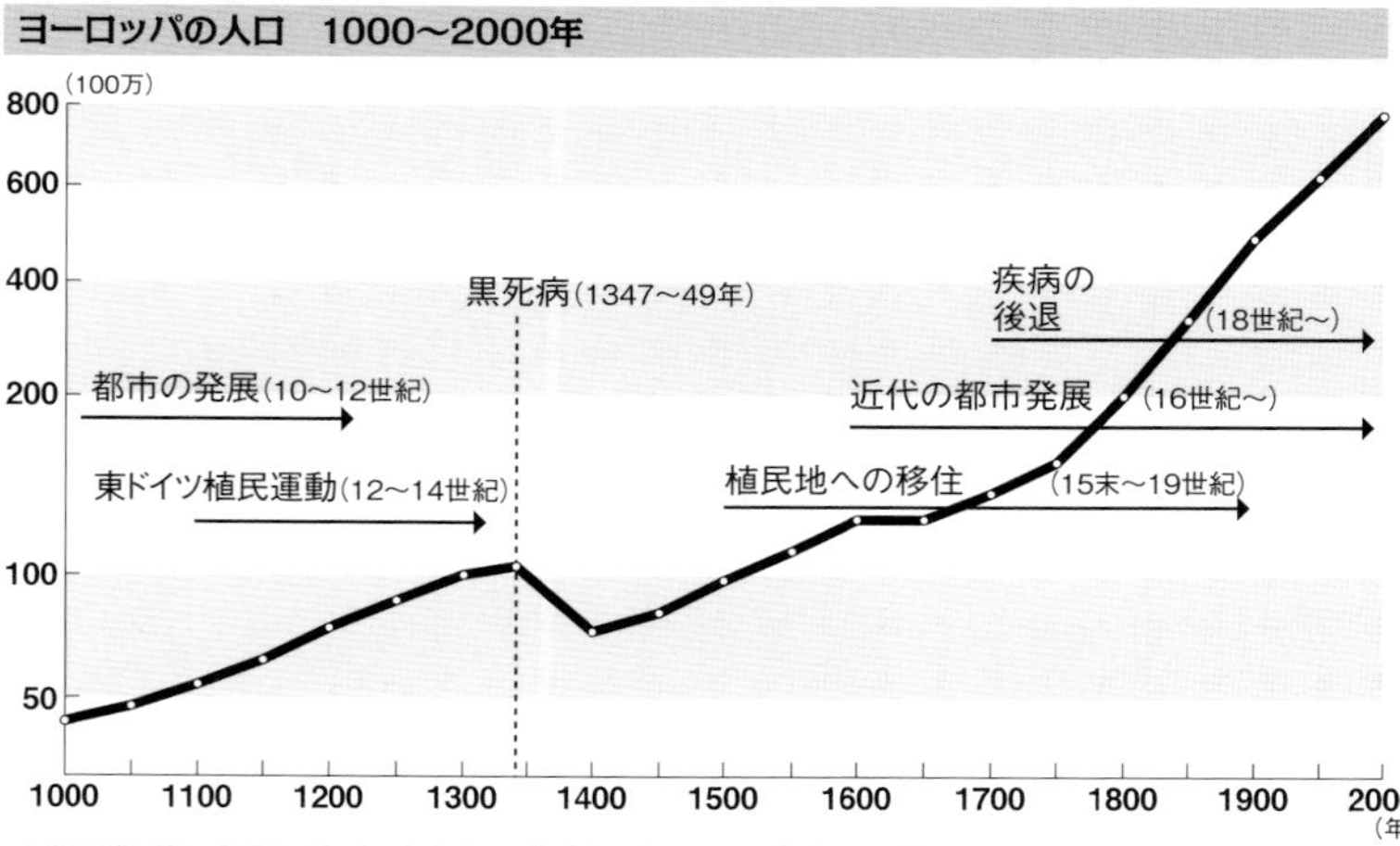

中世初期以降、順調に伸びてきた人口が、黒死病によって急激かつ大幅に減少したことがわかる。黒死病以前の水準に人口が回復するには16世紀を待たねばならなかった。Bacci（2000）より作成。

「魔女」の飛行の様子。シュレスヴィヒの聖ペテロ大聖堂のフレスコ画より。ある史料によると、13、14世紀のものと言われている。

たフランチェスコ会修道士ポンス・フージュロンに、教皇アレクサンデル五世が発した大勅書には奇妙な記述が見られる。「最近汝が管轄する領域で、何人かのキリスト教徒と不実なユダヤ教徒が新宗派を設立し、キリスト教に反する儀式を行っているという悲しむべき報告を余は耳にした。……また、妖術、占い、悪魔召喚や、……邪悪で禁じられた術を行う多くのキリスト教徒とユダヤ教徒がおり、キリスト教徒の人々を汚し、堕落させているとの報告も耳にしている」。フージュロンは教皇から、そのような輩《やから》に対して断固とした対応をとることを命じられた。

さらにドミニコ会士ヨーハン・ニーダーが、一四三五年から三七年にかけて著した『蟻塚』にも興味深い記述が見られる。ニーダーは執筆のため、ベルン付近のジメンタール渓谷の領主ペーター・フォン・グレイエルツやオータンのドミニコ会士の異端審問官などから情報を得ている。ペーター・フォン・グレイエルツは男女からなる多くの魔女を火あぶりにし、ほかの魔女をベルンの領域から追放した経験があった。またドミニコ会士の異端審問官は、オータン司教区で多くの人々を魔術の咎で有罪宣告した経歴の持ち主だった。

「ベルンの領域には、人間の性質を嫌悪する野獣のような男女からなる大勢の魔女がいる、あるいはごく最近いた。彼らは子供を貪り食う。……ローザンヌ公国では魔女どもが自分の子供を食べた。魔女どもはある場所に集まり、やることを済ますと人の姿をした悪魔が現われるのを見た。弟子たちはキリスト教を否定しなければならず、聖体を決して崇拝せず、十字架を足で踏みにじることを約束しなければならない。……〔ある魔女の自白によると彼らは〕死んだ幼児を墓場からこっそり引き出し、その肉が骨から分離し、強力な作用のある液体になるまで鍋で料理する。そしてその固形部分から、彼らの欲望や魔術や変身に役立つある種の軟膏を作る」。

さらにニーダーは、望むときにはいつでもネズミに変身できた男の魔女や、強烈な嵐を起こし人畜を不妊にし、空中飛行する魔女についても述べている。これらの描写内容は魔女のサバトそのものと言ってよい。

ニーダーがペーター・フォン・グレイエルツの情報にもとづいて述べるには、この種の魔術は六〇年前から行われてきたという。それは、『蟻塚』執筆時から逆算すると、一三七五年頃ということになる。また異端審問官ベルナルド・ラテーニョが一五〇八年頃に著した『魔女論考』には、魔女の宗派が一五〇年前(つまり一三六〇年頃)から増え始めたとの記述がある。ラテーニョは、アルプス山脈南西部のコモの異端裁判所の裁判記録を調査してこの結論を得た。

一四世紀の西欧社会は飢饉の頻発と黒死病の大流行により社会不安が極度に高まった時代であり、不安感の高揚とともに社会的周縁者が迫害された。その標的はハンセン病患者からユダヤ教徒へ、そして魔女へと移っていったが、彼らが標的にされたのは彼らが社会転覆を目指す陰謀を企てているとみなされたからである。そして黒死病流行に伴うユダヤ教徒迫害の発生や魔女のサバトの初期形態が見られたのはアルプス山脈西方一帯であったが、実はこの地域は異端ワルド派の潜伏地でもあった。一五世紀初めの魔女像の結晶化と魔女狩りの始動の背景には、以上のような、中世後期における社会変動と社会的周縁者の迫害が関係していたのである。

新参者の魔女に洗礼を授ける悪魔。グアッツォ著『魔女要覧』より。

幼児の死体から軟膏を作る魔女たち。グアッツォ著『魔女要覧』より。

十字架を踏みにじることを命じる悪魔。グアッツォ著『魔女要覧』より。

悪魔の尻に接吻する魔女。グアッツォ著『魔女要覧』より。

獣に変身している魔女たち。グアッツォ著『魔女要覧』より。

死体を掘り起こす魔女たち。グアッツォ著『魔女要覧』より。

バルナバ会修道士フランチェスコ・マリア・グアッツォが著わした『魔女要覧』（1626年）の挿絵。グアッツオは本書を反宗教改革指導者の一人、枢機卿でミラノ大司教であったカルロ・ボッロメオの求めに応じて1605年に執筆した。1608年初版、1626年に増補第２版が出た。魔女を描いた図版で有名。

一五世紀の魔女裁判と『魔女の槌』の刊行

魔女裁判の始まり

　一四三六年か三七年、ドーフィネ地方ブリアンソンの世俗の首席裁判官であったクロード・トローザンによって著された「魔術師と魔女の誤謬」は、トローザン自身の直接の体験にもとづく論文であり、この時期に世俗側の人物が残した史料として重要なものである。彼は次のように述べている。

「魔女たちは主人である悪魔にそそのかされて、神を否定することを誓う。信仰箇条や秘蹟は信じない。儀式の中で彼らはむき出しの尻を天に向けるが、それは神に対する侮辱を示すためである。地面に十字架を描いてそれに唾を吐いて踏みにじる。そのあと人間や獣の姿をした悪魔に跪いて接吻し、体と魂と子供の一人を捧げる。子供は殺して埋葬後に掘り出して、死体から粉薬を作る。さらに彼らは通常、木曜日か日曜日の夜に夢の中で〔現実ではなく、脱魂状態でということだと思われる〕悪魔と一緒に出かける。子供たちを窒息死させ、また病気にするためだ。彼らは子供の死体から脂肪を抽出し、それを貪り食べ、シナゴーグが開催される場所に赴く」。

　これらの情報をトローザンは一〇〇人以上の魔女、および魔女に魔術をかけられた人々から直接得たという。

　こうして一四三〇年頃に始まった魔女裁判は、一五世紀を通して広がり続けた。地域としては、最初はアルプス山脈西方一帯が中心であったが、やがて隣接する地域にも拡散し、魔女たちが反キリスト教的な一派を形成してキリスト教世界の転覆を目論んでいるとの陰謀説が広まっていく。

　たとえば一四五六年、ケルンで火あぶりにされた一人の魔女の告発理由は、破壊的な嵐を起こしたというものだった。破壊的な嵐は、特定の個人にではなく、不特定多数の人々に向けられるものであり、穀物の収穫の損壊という面で社会全体に甚大な影響をおよぼす。この魔女について、ケルンの当局者と同市南方約二四〇キロメートルにあるメッス市の当局者は連絡をとり合い情報交換していた。というのも、この魔女はメッスから逃亡した経歴があったからだ。メッスの当局者が伝えるところによると、この魔女はほかの女どもと一緒に、子供を殺し空中を飛行したという。単独ではなく、徒党を組む魔女たちの陰謀ということである。

　一四八四年秋、アルプス山脈北側のボーデン湖に近いラーヴェンスブルクに一人の異端審問官が着任した。ハインリヒ・クラーマー（一四三〇頃―一五〇五）という名のドミニコ会士である。彼は直ちに

サン・ピエトロ大聖堂（ローマ、ヴァチカン市国）。カトリック教会の中心地。写真に見るような威容を誇る現在の大聖堂の建築は、教皇の権力を示すべく16世紀初めの教皇ユリウス２世の時代から手がけられ、1626年に完成した。その建築・修築費の捻出のため、贖宥状が販売され、宗教改革の原因の一つとなった。著者撮影。

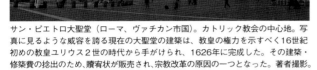

魔術を断罪する説教を開始し、それに応じた市民たちは進んで魔女を告発し始めた。そして少なくとも八人が容疑者として逮捕され、うち二人の女性が処刑された。クラーマーはすでに一四七四年から南部ドイツの異端審問官に任命され活動していた。ラーヴェンスブルクでは市長や市役人の支持を得られ、まずまずの成果を収めることができたが、ほかの場所ではそうではなかった。クラーマーの偏執的な異端審問活動が反発を受けたのである。そこで八四年冬、魔女告発のお墨

ラーヴェンスブルクの西南約140キロにある小都市ヴィリザウで行われた魔女の火刑。『ディーボルト・シリンク年代記』（1512年）より。

付きを得るため、クラーマーは自身と同僚のヤーコプ・シュプレンガー（一四三六―九五。ドミニコ会士で、すでに一四七〇年にラインラントの異端審問官に任命されていた）の署名を記した書簡を携え、ローマに赴いて教皇に提出した。これを受けて一二月初旬、教皇インノケンティウス八世（在位一四八四―九二）は教書「至上の熱情で望みて」いわゆる「魔女教書」を発布し、クラーマーたちの活動が正しいものであることを述べるとともに、地元関係者に協力するように命じた。

「最近次のようなことが余の耳に入ってきている。マインツ、ケルン、トリーア、ザルツブルク、ブレーメンの諸地域や南部ドイツの様々な場所で、神の救済を無視しカトリック信仰を捨てた男女両性からなる多くの者たちが、悪魔に身をゆだね、呪いや呪文によって人の子供や動物の仔、穀物やブドウや果実を破滅させている。……余の最愛の息子、神学教授でドミニコ修道会に属するハインリヒ・クラーマーとヤーコプ・シュプレンガーは教皇書簡によって異端の堕落に対する異端審問官として派遣されているが、前記諸地域の聖職者と俗人は恥知らずにも彼らの活動が非合法だと主張している。……それ故余は、前記異端審問官の業務の実行を妨げるすべての障害を取り除くよう希望する」。

教皇インノケンティウス8世の肖像。1432年にジェノヴァに生まれたジョヴァンニ・バッティスタ・チーボは、サヴォーナ、モルフェッタの司教を務め1484年８月29日に教皇に選出された。キリスト教世界に平和を回復することを目指した教皇は、異端に対して厳しく対応した。「魔女教書」は教皇就任直後に出されたことになる。

『魔女の槌』の刊行

教皇のお墨付きを携えて、クラーマーは一四八五年、インスブルックで魔女裁判を行った。しかし結果は大失敗だった。司教ゲオルク・ゴルザーと地元当局から強い反対を受け、容疑を受けたすべての女性を釈放しなければならなかったのである。この出来事に対する不満と憤りをきっかけにして、魔女裁判反対者に向けて著されたのが『魔女の槌』（一四八六年）である。従来、著者はクラーマーとシュプレンガーの二人とされていたが、最近の研究ではクラーマーに大きな役割を認めている。シュプレンガーは学識のある著名な神学者で、ケルン大学で神学教授を務め、ケルン大修道院の副院長に任命された人物であった。クラーマーは、権威づけのためにシュプレンガーの名を利用したようである。シュプレンガーは自分の管轄地域からクラーマーを追い出しており、実際は魔女狩りに関して二人は正反対の立場を取っていたようである。シュプレンガーを魔女狩りと直接結びつけるような証拠はない。

　クラーマーは、聖書、アリストテレス、アウグスティヌス、トマス・アクィナス、

悪魔を崇拝する魔女。ゼバスチャン・ミュンスター著『宇宙誌』（1544年）より。

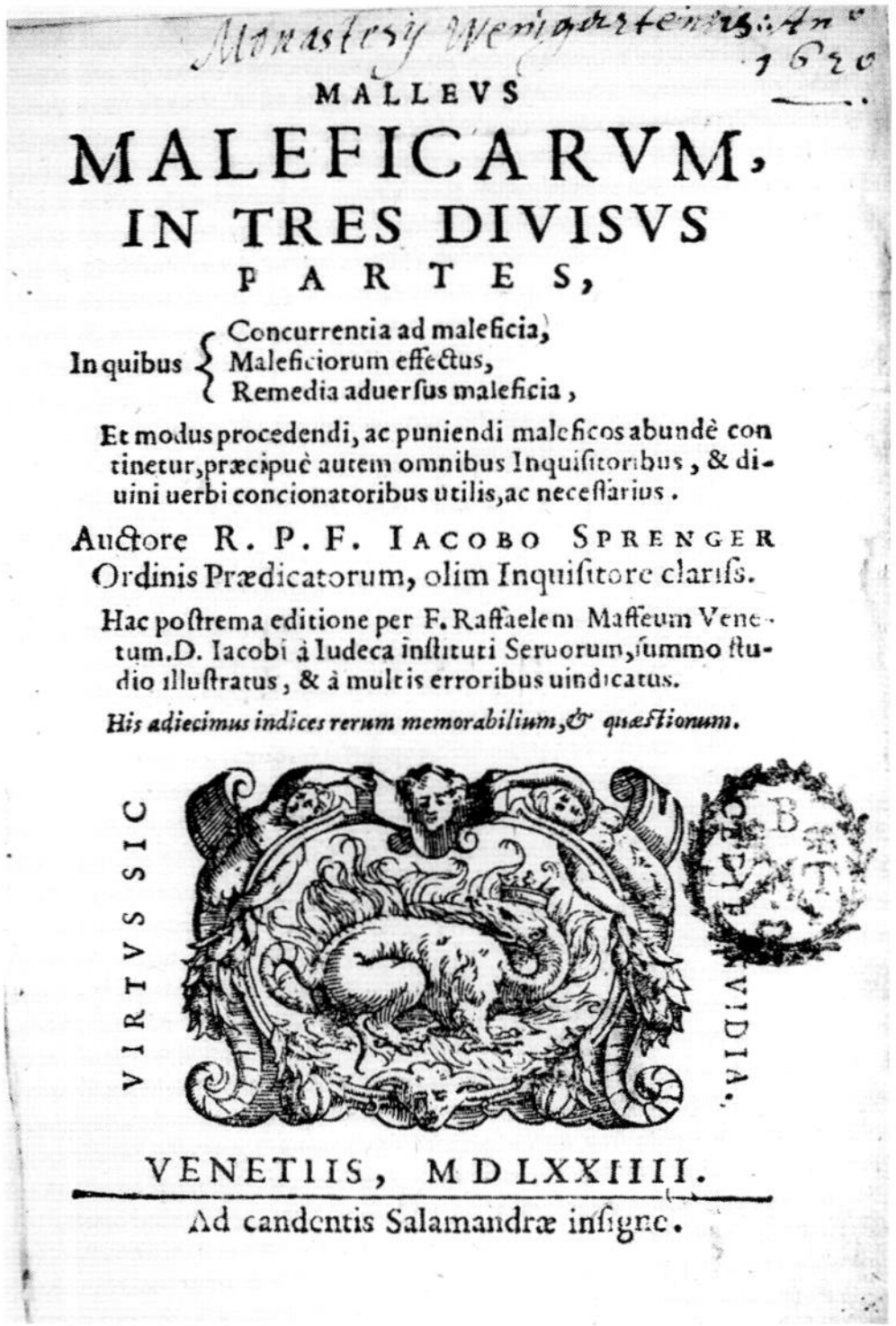

Monastery Weingartensis: Anº 1620

MALLEVS

MALEFICARVM,

IN TRES DIVISVS PARTES,

In quibus { Concurrentia ad maleficia, Maleficiorum effectus, Remedia aduersus maleficia,

Et modus procedendi, ac puniendi maleficos abundè continetur, præcipuè autem omnibus Inquisitoribus, & diuini uerbi concionatoribus utilis, ac necessarius.

Auctore R. P. F. IACOBO SPRENGER Ordinis Prædicatorum, olim Inquisitore clariss.

Hac postrema editione per F. Raffaelem Maffeum Venetum, D. Iacobi à Iudeca instituti Seruorum, summo studio illustratus, & à multis erroribus uindicatus.

His adiecimus indices rerum memorabilium, & quæstionum.

VENETIIS, MDLXXIIII.

Ad candentis Salamandræ insigne.

『魔女の槌』（Malleus Maleficarum）1574年版。著者としてヤーコプ・シュプレンガーの名前が記載されている。ラテン語表記で大文字V＝Uのこと（チュービンゲン大学図書館蔵）。

そしてニーダーなどの諸著作を引用し、また自らの裁判体験も盛り込みながら執筆した。全体は三部に分かれ、第一部では魔女の行う魔術が現実であること、第二部では魔女の具体的な諸行為、第三部では魔女裁判の手続きがそれぞれ詳しく述べられている。十五世紀末までに蓄積されてきた魔女信仰の多くの要素が含まれているが、サバト、悪魔への接吻、悪魔への臣従の誓いとして魔女の身体に付けられる印については触れられていない。一方、有害な呪術《マレフィキウム》や魔女と同一視された産婆による嬰児殺害や悪魔との契約について触れている。同書は魔女狩りの手引書として好評を博し、近世になっても利用され続けた。一四八七年版からは「魔女教書」も付け加えられ、同書の権威を確かなものにした。

いくつか具体的な記述を見てみよう。たとえば、「悪魔どもと契約を結ぶことで援助を得て、神の許可のもと、魔術の現実の効果を引き起こせる魔女が存在するというのは、真正かつカトリックの主張である」。悪魔、魔女、神の許可――この三点セットが魔術の成立には必要不可欠であった。女性一般に対してはきわめて酷い評価が下されている。それは女

「2、3人どころでなく、3000人以上の老女がねんごろな関係にある悪魔を探しに秘密の場所に赴いたと耳にした。これは冗談ではない。……汝に語ろう、裁判記録で読んだことを。一人の老女が自白した。……晩に、箒にまたがって飛んで行き、直接、悪魔どもの恐ろしいシナゴーグに赴いた」。マルタン・ル・フラン著『貴婦人たちの擁護者』（1451年頃）より。ル・フランはサヴォイア公国のアメデーオ8世に仕えた聖職者であり、詩人でもあった。本書は1440年に書かれ、ブルゴーニュ公フィリップ善良公に献呈された。

Superborum

Nonagesimasecbaturba stultoꝝ est: Superboꝝ (überheb narrē) Nole quibus dinoscunt̃ tot sunt quot res de quib⁹ superbire cōtingit: que in maximo sunt numero: sic ⁊ nole. Ego aūt ex eis paucas respectiue inpresentiaꝝ producam.

¶ Prima nola est: superbire (sich überheben) de sanitate corpis. Nescis o fatue ꝙ qui hodie sanus est cras egrotat: hodie viuus cras mortuus. Nescis quia vita est vapor ad modicū parens. Jacobi. iiij.

¶ Secunda: superbire de robore corporis. Nescis o stulte ꝙ hinc infirmitas mentis exurgit: sed ⁊ ibi grandior iminet pugna. Siquidem caro concupiscit aduersus spiritū: ⁊ fortior caro fortius. Sapiētie. vi. Fortioribus fortior instat cruciatio.

キリスト教における「七つの大罪」のうちのひとつ「傲慢」。若い女性が鏡の中の自分に見惚れている。その背後には悪魔が控えており、女が座る棒を支えている。この種の図像表現で表されるのは、女性と悪魔の親和性であった。ゼバスチャン・ブラント著『阿呆船』（1498年版）より。

性嫌悪と言っても言い過ぎではない。女性の劣等性と害悪性、魔術が女性の罪であること、悪魔と女性が密に関係を持つこと、そして女性の性欲が魔術の根源にあることが様々な観点から説かれている。たとえば『シラの書』（カトリックの聖書外典のひとつ）を引用して次のように述べている。「女の怒り以上に激しい怒りはない。私は邪悪な女と一緒に家庭を営むよりは、ライオンとドラゴンと一緒に住みたい」。またラテン語の語源によって女性の信仰心の薄さを説明する。「『女』feminaは『信仰』fe=fidesと『より少ない』minusから成る。女は信仰心が弱いからである」。

また、女性が男性よりも迷信深く、それゆえ魔女の素質に恵まれていることについて、ほかの論者の見解として三つの理由を挙げている。「第一の理由は、女は軽々しく信じるということだ。悪魔の主要な目的は、信仰を腐敗させることである。だから女を襲う。……第二の理由は、女は生まれつき感受性が強いことだ。……第三の理由は、女は口が軽いことだ。だから女は、邪悪な術を使って知った事柄を女仲間に隠すことができない」。『魔女の槌』はこれらの理由を認めつつ、さらにこう述べる。「しかしもっともな理由は、女が男よりも肉欲を好むからだ」。「結論を述べよう。すべての魔術は肉欲に由来し、それに女は飽くことを知らぬ。〔旧約聖書〕『箴言』三〇章を見よ。飽くことを知らぬものは三つある。そのうえ、十分とは言わぬ四つめのものがある。すなわち子宮の口である」（実際に『箴言』三〇章では、「陰府、不妊の胎、水に飽いたことのない土地、決して十分だと言わない火」と記されている）。

魔女の罪とその訴訟については次のように言う。「魔女という異端においては、ほかの異端諸派の場合と異なり、司教は裁判にかけ判決を下す義務を世俗裁判所に引き渡すことができる。これは二つの理由による。ひとつはすでに述べたように、魔女どもが犯す世俗の被害のため、

「魔女教書」にあるように、この時期には、形容矛盾だが男性としての魔女（魔術師）も多く存在すると考えられていた。この挿絵に描かれているのは全て男性である。また動物だけでなく、テーブルにも乗っていることに注意したい。ハンス・フィントラー著『徳の華』（15世紀後半）写本挿絵より。

その罪は正確に言えば世俗の罪であり、単に教会の罪ではないからである。そしてさらに、特別な法が魔女を扱う際には定められるからである」。

魔女は異端であるが、中世に蔓延した異端とは質が異なる存在なのだ。魔女たちは悪魔と契約を結んでその助力を受け、魔術を使って人間や家畜に不妊・病・死をもたらし、穀物を台無しにする。魔女の犯罪が魔術という手段によって行われる以上、たとえば物証により立件することはきわめて難しい。したがって、魔女の罪は「例外の罪」とされ、特別な規則のもとで裁かれるものということになった。

自白を引き出すために拷問が使用されたことは言うまでもないが、ほかに、たとえば魔女を摘発するためには誰彼が魔女であるとの「うわさ」さえあればよかったし、被破門者・犯罪者・偽証罪で有罪宣告された者など、通常は証言を許されない証人が証言することも許された。また取り調べの最中に、魔女の全身の体毛を剃ることも推奨された。なぜなら魔女の有罪確定には自白を引き出すことが必要不可欠であったが、それを妨げる手段を魔女は講じていると考えられていたからである。

「魔女どもは沈黙の魔術を行うために、迷信的な護符を衣服や体毛の中、時には言うも憚られる最も秘すべき所〔女性器の中〕に隠し持っているからである」。

『魔女の槌』は初版から一五二三年まで一二版を数え、その後約半世紀の休止期間を挟んで、一五七四年以後、一六六九年まで一六版刊行された。

牛乳盗みの魔術に対する対抗魔術。魔女は隣家の乳牛から牛乳を盗むと信じられていた。左の女性が魔女で五芒星形（ペンタクル）の上に描かれている。この図形は牛乳盗みを妨害する威力があると信じられ、近世ドイツでは災難除け、特に魔術除けのため家の壁や教会入口などに描かれた。搾乳している右の女性の左手が、魔女の目的が何かを示している。ハンス・フィントラー著『徳の本』（1486年）より。

アルブレヒト・デューラー作『4人の魔女』（1497年）。4人の女性を魔女と断定できるかどうかについては美術史研究で議論されている。左隅に悪魔の姿が見える。また上部に書かれた「O・G・H」は「おお神よ、我らを魔術から守りたまえ」（O Gott hütte uns von Zaubereyen）を略したものという説もある。図像学の巨匠E・パノフスキーは、『魔女の槌』と関連づけている。

第三章 魔女狩りの時代としての近世

停滞する裁判

様々な魔女論

何度も再版を重ねるほど好評を博した『魔女の槌』（一四八六年）だが、一五世紀末のこの本の出版が直接引き金となって、ヨーロッパ全土で魔女裁判が瞬く間に増加したわけではない。また、すべての人々が同書を好意的に受け入れたわけでもなかった。有名な手引書のことだから、初版刊行以後この書にのっとって行われた魔女裁判の数が急激に上昇したと思われるかもしれないが、実はそうではないのである。一六世紀前半、とくに一五二〇年代から六〇年代までの約半世紀、魔女狩りは停滞期を迎える。もちろん魔女の告発が皆無になったわけではないが、相対的に魔女狩りの波は凪《なぎ》の状態に入った。

早くも一四八九年、本書第一章冒頭で触れたウルリヒ・モリトールが『魔女と女予言者について』を著し、『魔女の槌』のいくつかの論点を批判した。モリトールは悪魔と契約を結び、神を否定する者は、背教と偶像崇拝のゆえに死罪に値することを認めていた。したがって魔女の実在を否定したわけではない。しかし、魔女に帰せられていた力は幻覚であり、悪魔こそが首謀者だと力説した。このスタンスは、中世の『司教法令集』以来の伝統を踏襲したものと言える。一五世紀末には、中世的な魔女についての考え方と『魔女の槌』に代表される「新しい」考え方が共存していたのである。

モリトールが魔女論を書いたのは次のような経緯があったからだった。クラーマーが一四八五年に魔女調査に勤しんでいたインスブルックは、チロル伯領の首都だったが、当地で彼が取り調べた約五〇名の中にチロル伯ジギスムントの一家の者が含まれていた。この問題に動揺したジギスムントが事の次第を明らかにするよう命じたのが法学者として仕えていたモリトールであった。これを受けてモリトールは、彼自身とジギスムントと法学者コンラート・シャッツの三人の対話形式の形をとった『魔女と女予言者について』を著して要請に応えたのである。結論はこうだ。魔女は天候に影響を与えたり、病気や性的不能を引き起こしたり、動物に変身したり、サバトに飛んで行ったり、悪魔との間に子供をもうけたり、未来を予言できたりはしない。神が許可されれば、それらのことは可能ではあろうが、悪魔だけが制限つきのこのような力をもっているのである。

モリトールの書には彼が幻覚とみなした魔女の諸行為を描いた木版画がいくつか添えられたが、皮肉なことに、彼の意図とは反対にその現実性を読者にビジュアルに伝えることになった。同書は魔女の諸行為を描写した木版画付きの最初の悪魔学論文であり、後世の魔女の図像に大きな影響を与えた。

ルネサンスという一大文化潮流も、魔女狩りを抑制する方向で働いた。一四世紀末から一五世紀にかけてイタリアを中心に栄え、一六世紀にはアルプスを越えてヨーロッパ各地に広まったルネサンスは、古代ギリシア・ローマ文化の復活・

狼に乗る男の魔女。モリトール著『魔女と女予言者について』（1495年頃の版）より。

動物に変身し、空中飛行する魔女たち。モリトール著『悪魔あるいは魔女について』（ドイツ語版・1493年頃）より。

食事をする３人の魔女たち。モリトール著『魔女と女予言者について』（1496～1500頃の版）より。

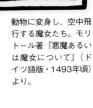

再生を意味したが、それは同時にキリスト教に色濃く染め上げられた中世とその嫡出子ともいうべきスコラ学に対する批判も意味した。前章で見たように、悪魔像をはじめ魔女信仰に関わる多くの事柄が中世キリスト教およびスコラ学を触媒として生み出されたことを思い起こすなら、魔女信仰が人文主義者たちの批判の対象となりやすかったことは容易に想像される。

魔女裁判への批判

一五世紀後半にフィレンツェのメディチ家に庇護されたマルシリオ・フィチーノ（一四三三―九九）の影響下にヨーロッパ規模で広まったルネサンス期哲学の一大潮流である新プラトン主義は、神秘主義的哲学であり魔術的要素を多く含むものだった。だが新プラトン主義は、魔女信仰の基底にあるスコラ学のアリストテレス主義に対して真っ向から挑戦を叩きつけるものだった。なぜなら新プラトン主義者が呪術は自然的な手段（天体の力を維持するため、音楽や香や記号を使う）で実現できると考えていたのに対し、アリストテレス主義者はすべての呪術は悪魔の助けを借りて行われなければならないと考えていたからである。

新プラトン主義者による魔女信仰批判の具体的様子を教えてくれる例として、ハインリヒ・コルネリウス・アグリッパ・フォン・ネッテスハイム（一四八六―一五三五）のケースを見ておこう。アグリッパは、北方ルネサンスの指導者エラスムスや彼に匹敵する人文主義者とされたスペイン出身のファン・ルイス・ビベスから優れた学識者と評価された人物で、ルネサンス高等魔術師の代表者のひとりである。一九世紀に書かれたゲーテの『ファウスト』のモデルともなったことでも知られる。

ハインリヒ・コルネリウス・アグリッパ・フォン・ネッテスハイムの肖像。

アグリッパは、生涯ヨーロッパ各地を遍歴した。東フランスのドール大学ではドイツの人文主義者ロイヒリンのユダヤ教神秘哲学カバラに関する著作について、また北イタリアのパヴィア大学ではプラトンの『饗宴』やヘルメス文書『ポイマンドレス』について講義したほか、神聖ローマ皇帝マクシミリアン一世に仕えたこともあった。フランスのリヨンでは、フランス国王フランソワ一世の母ルイーズ・ド・サヴォワに医者として仕えようとしたこともあった。一五一八年、アグリッパはメッス市の法律顧問となったが、ここで魔女裁判に関わることになる。魔女の容疑を受けたひとりの女性をめぐって異端審問官と論争を繰り広げ、アグリッパはこの女性を救った。彼は『学問と知識の不確かさと虚しさについて』(一五三〇年)で次のように当時を振り返って語っている。

「昔私がメッスで弁護士と法律顧問を務めたときのことだが、ある異端審問官とひどく揉めたことがあった。彼は悪意のある男でひとりの哀れな田舎女を証拠のない最も不正な告発にもとづいて牢獄に放り込んだ」。異端審問官が持ち出した証拠は、女性の母親が魔女として火刑に処されたことだった。アグリッパは言う。「このような考えは不適切で、法律は他人がしたことによって別のある者を咎めることを許していない」。ところが異端審問官は、即座に「『魔女の槌』の詳細と逍遥学派〔アリストテレス主義〕の神学に訴えて答えた」のである。

「彼〔異端審問官〕が言うには、魔女の娘を逮捕することはきわめて正しい。なぜなら魔女どもは自分の子供を悪魔に捧げることに慣れているからだ。また魔女どもが男性の形態をとった霊によって妊娠させられることもよくあることである。よって先天的な病気と同じく、邪悪さが子供に深く植え込まれているということが起こる」。

これを批判するアグリッパの舌鋒は鋭い。「なんと酷いお方だ。これがあなたの研究している神学というものか？ こうした話はあなたが無実な哀れな女たちを拷問にかけるときに使ったでっち上げ

アルブレヒト・デューラー作『山羊に後ろ向きに乗る魔女』(1500年頃)。山羊の進行方向と魔女の長い髪が流れる方向は逆になっており魔女の怪しい力が強調されている。魔女は左手で山羊の角を、右手で女性の象徴でもある糸巻き棒を握る。空からは雹のようなものが降り天候魔術を暗示している。ロバに後ろ向きに乗せることは、中世末以降、妻に殴られた夫など適切な性役割に反した者に恥辱を与える形式であった。このような民衆文化の要素がこの図像にも入り込んでいると考えられる。山羊の下半身が魚形になっていることにも注意。占星術における磨羯宮（山羊座）は土星と深く関わり、土星の宮は磨羯宮と宝瓶宮（水瓶座）のあいだに位置する。当時、魔女は「土星の子供たち」(101〜103ページ参照）と考えられていた。

の議論ではないか？　ある人々を異端者として裁くときに使う屁理屈ではないか？　……もし邪悪な母により生贄に捧げられた子供が悪魔の力のうちに留まるなら、洗礼の恩寵を無にすることになるのではないか？」。このような批判に対して「その残虐な偽善者は激昂し、私を異端者の支持者として告発すると脅迫した。しかし私は不幸な女を弁護することをやめなかった。そして最終的に法律の力によって、彼女を獅子の口中から救い出すことができたのである」。

一六世紀前半、アグリッパのほかにも魔女信仰のすべてではなくともその一部を批判し、魔女裁判に異を唱えた者がいた。イタリアのアンドレーア・アルチャート（一四九二―一五五〇）は一六世紀の最も有名な法学者の一人で、アヴィニヨン、ブールジュ、パヴィア、ボローニャ、フェラーラの各大学で教授を務め、フランソワ一世やスペイン国王フェリペ二世から寵愛され、エラスムスから称賛をうけた人物である。彼は人文主義の観点から法学を刷新したことで知られる。彼は一五一六年か一七年、アルプス山麓の渓谷で一〇〇人以上の魔女を火刑にしたと報告された一人の異端審問官の活動に関して助言を求められたとき、次のように答えた。

「彼女らの多くは、炎よりもむしろヘレボルス〔薬草〕で治療する必要があると思われる」。

アルチャートは、魔女の中には現実に神を否定し呪文を使って幼児を殺害する者がおり、裁判官は彼女たちを処刑すべきであると認めていた。しかし、魔女が悪魔によって空中を運ばれてサバトに出席するというような魔女信仰は断固拒否したのである。彼もまた『司教法令集』の伝統下にあった。アルチャートのほかにも、ピアツェンツァの弁護士ジョヴァンニ・フランチェスコ・ポンツィニビオやパドヴァ大学で自然哲学を講じたピエトロ・ポムポナッツィ（彼はアリストテレス哲学の信奉者で悪魔の存在を信じてい

アルブレヒト・アルトドルファー作『サバトへの飛行準備をする魔女たち』（1506年）。

Ein erschröcklich geschicht Vom Tewfel
vnd einer vnhulden/ beschehen zu Schilta bey Rotweil in der Kar Wochen.
M. D. XXXiii Jar.

エルハルト・シェーン作『1533年オーバードルフにおける魔女の火刑』。同年のちらしより。宗教改革が始まった16世紀第２四半期に魔女狩りが皆無になったわけではない。

たが、悪魔を必要としない自然世界を構想した）が『魔女の槌』的な魔女信仰を批判した。

宗教改革の勃発

魔女裁判の停滞をもたらしたもうひとつの原因は、宗教改革の勃発である。もちろん次節で詳しく触れるように、一六世紀後半以降、プロテスタントの宗教改革とそれに対するカトリックの反動宗教改革は魔女狩り増加の重要な背景となる。しかし一五二〇年頃から五〇年頃の宗教改革初期には魔女狩りは低く抑えられていた。このことには当時の西欧の人々の関心が、魔女というキリスト教世界内部の問題以上に、キリスト教世界そのものの大分裂という重大な問題に向けられていたことを示している。このことを端的に教えてくれるのが書籍の出版状況である。

ドイツのヴィッテンベルク大学の神学教授であったマルティン・ルター（一四八三―一五四六）が、ローマ教皇レオ一〇世（在位一五一三―二一）がローマのサン・ピエトロ大聖堂再建のため発行していた贖宥《しょくゆう》状（免罪符）を批判して、一五一七年に公表した『九五箇条の提題』によって宗教改革の口火が切られた。贖宥状の購入によって完全な罪の赦しが得られるという発想は、カトリック教会の腐敗を示すものにほかならなかった。宗教改革の思想は、一五世紀中頃から西欧に普及し始めた活版印刷の影響のもと、書籍の形で社会に普及した。たとえば一五一〇年から一七年の八年の間にドイツで出版された書籍数は一七一〇種であり、そのうちの三九・四パーセントが宗教書であった。ところが一五一八年から二〇年のわずか三年間に書籍数は一六八〇種となり宗教書はそのうちの六一・六パーセントを占めた。その八八パーセントがルターの著作だった。出版社は社会のニーズに応えるとともに、経営を成り立たせるため売れる作品を印刷し販売したのである。

ここで思い出したいのが『魔女の槌』の刊行状況である。同書は一五二四年から七三年まで再版されなかった。また新しい悪魔学論文の刊行も一五二四年のパオロ・グリランド著『異端と予言者についての論述』以降約四〇年間、めぼしいものは見られなくなった。宗教改革が始まったことでヨーロッパの人々の関心は魔女から逸らされることになったのである。

宗教改革と魔女

プロテスタントの魔女観

プロテスタントは聖書中心主義、信仰義認論、万人司祭説を掲げ、カトリックの教えを批判した。しかし中世のカトリック信仰のもとで練り上げられてきた悪魔や魔女についての考え方は、プロテスタントにも基本的に踏襲された。

ルターが友人たちと交わした日常談話の集成である『卓上談話』の一五三三年の記事には、昔ルターの母親が魔女である隣人の女に苦しめられたという逸話や、ルターが自分の病が自然なものではなく魔術によるものと考えており、神はそのような悪から選ばれた人間を解放してくれると語ったことが記されている。また一五三六年の記事には、隣人から牛乳を盗むためにネズミに変身した魔女が、その隣人に痛めつけられ追い出された話が記されている。翌日、魔女は傷を治すため隣人の女に油をもらいに来たが、ネズミの傷と同じ場所が傷ついているのを見られ、魔女ということが発覚したのである。ただしルターは魔女の動物変身や空中飛行が現実のものだとは考えなかった。ルターは「こうしたことは悪魔の幻覚であり、真実ではない」とある説教の中で述べている。彼も『司教法令集』の伝統のもとにあったと言えよう。しかしルターは魔女の力を恐れてもいた。『卓上談話』一五三八年の記事には次のようにある。「こうした類の女ども〔魔女〕に同情心はわかない。律法にしたがって、私は自分自身で彼女たちすべてを火刑にするつもりだ」。律法とは、旧約聖書『レビ記』（二〇：二七）の「口寄せや霊媒は必ず死刑に処せられる。彼らを石で打ち殺せ。彼らの行為は死罪に当たる」のことである。

ジャン・カルヴァン（一五〇九—六四）はルターと並ぶプロテスタント信仰の一

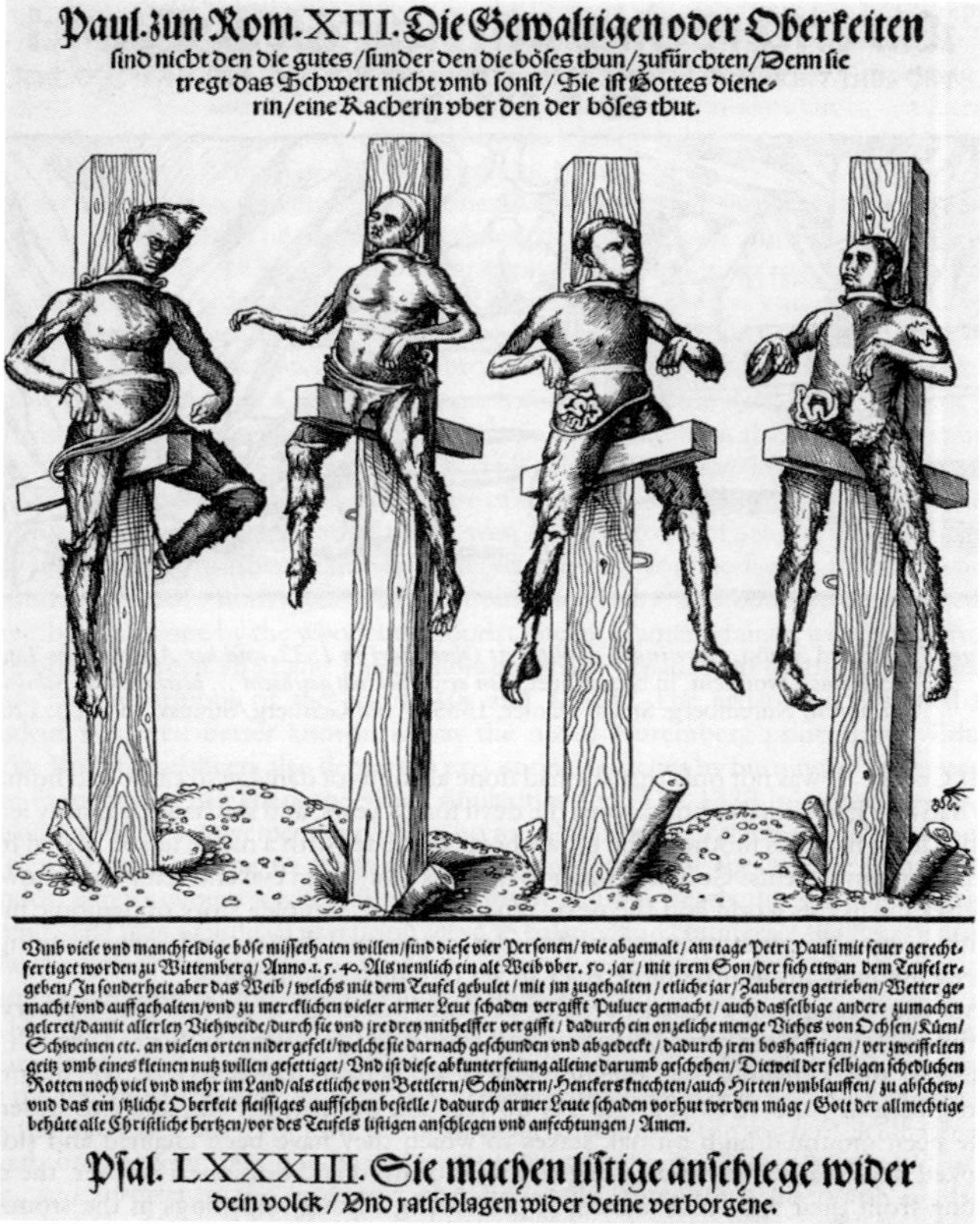

ルーカス・クラーナハ（子）作『1540年６月ヴィッテンベルクで魔術の咎で有罪宣告された４人の処刑』。当時のちらし（1540年頃）より。宗教改革発祥の地ヴィッテンベルクでも魔女狩りは起こっている。

隣家の牛から牛乳を盗む魔女。魔術を使って牛乳を盗んでいることは、隣家の柱に打ちつけた斧の柄から牛乳がほとばしり出ていることからわかる。シュトラースブルクの著名な説教師ヨーハン・ガイラー・フォン・カイザーズベルク著『蟻』（1517年）より（この書名は、おそらくニーダーの『蟻塚』から取られた）。

大巨頭であり、その教えは厳格・戦闘的であったことで知られるが、魔術や魔女に対する対応も同様であった。一五五五年の旧約聖書『申命記』(一八:一〇―一二)に関する説教の中でカルヴァンは次のように述べている。「多くの信じ難い報告が魔女についてなされている。実に、彼らについて語られるのを聞くとき、我々は彼らを嫌悪するだけでなく心から悲しむべきである。……全ての時代とあらゆる国々に妖術や魔術がはびこっていたことを我々は知っている。それは神の真実を拒絶したために、さらに蔓延しているのだ」。

またカトリック教徒が行う一一月二日の万霊祭（諸死者の日）を魔女と魔術に関連づけて批判しているくだりは、カルヴァンの戦闘性を物語るものといえるだろう。『申命記』が占い師や霊媒と並んで「死者に伺いを立てる者」を批判していることに関して彼は言う。

「敬虔なる修道士は死者の魂の叫びを聴きとる。すると、すぐさまカトリック教徒は厳粛な祭礼が死者のために行われるべきで、これこれしかじかのことがなされねばならないと言い切る。それは単なる魔術にほかならず、カトリック信仰の中で死者のために発明されたものにすぎない。それは、神が『申命記』で手厳しく非難し嫌悪しているものだ。このよう

クラーナハ（子）作『マルティン・ルターの胸像と墓碑』（1551年頃）より。

作者不詳『風笛を吹く悪魔』（1530〜35年頃）。カトリックの修道士に対する風刺画。宗教改革期には数多くの風刺画が作成された。楽器になぞらえた修道士の頭部の耳に悪魔が息を吹き込んでいる。

Vor zeytten pfiff ich hin vnd her
Aus solchen Pfeiffen dicht vnd mer
Vil Fabel Trewm vnd Fanthasey
Ist yetzundt auß vnd gar entzwey
Das ist mir leyd auch schwer vnd bang
Doch hoff ich es wer auch nit lang
Die weyl die welt so fürwitz ist
Sündlich dückisch vol arger list.

な流儀で死者への祈りに身を捧げる者たちは魔女と妖術師にほかならない。なぜなら彼らは神をないがしろにして悪魔の魔法を信じているからである」。

カトリックはその宗教儀式や慣習に呪術的な要素を多く含んでいた。聖画像崇拝、化体説等のほか、カルヴァンが挙げている「煉獄の霊魂の記念日」とも言われる万霊祭もそうであった。聖書に記述がないこれらの儀式や慣習をプロテスタントは蛇蝎視したのだが、そのような姿勢がカトリックの慣習を魔術や魔女に結

Von den Hexen vnd vnholden.

魔女のサバト。ヨーハン・ガイラー・フォン・カイザーズベルク著『蟻』（1517年）より。左手の木に攀じ登っている男性は、右わき下に松葉杖を挟んでいる。これは異教神サトゥルヌスを表しており、悪魔と同一視されている。

びつけることとの根拠になっている。

魔女狩りの土壌

一五六〇年頃から、西欧各地で魔女狩りの波は再び高まり始めた。プロテスタント側による宗教改革を受けて、カトリック側は一五四五年から六三年にかけて断続的に北イタリアのトリエントで公会議を開催し陣容の立て直しを図った。反動宗教改革が始まったのである。そして、プロテスタントとカトリック双方がそれぞれの信仰を広めるべく西欧全土で教化活動を活発に展開し始めた時期と魔女狩りの活発化の時期は重なっている。

カトリックとプロテスタントの対立とこれに伴う宗教戦争の時代は、一六四八年に終結した最後で最大の宗教戦争といわれる三十年戦争まで続いた。ヨーロッパで魔女狩りが集中的に起こったのは一五七〇年代から一六三〇年代であるため、新旧両教会の宗教改革および宗教戦争と魔女狩りの「直接的な」因果関係を認めたくなるが、それは難しい。宗教改革初期に魔女狩りは低く抑えられていたのであり、一方の信仰保持者が他方の信仰保持者を「魔女として」迫害し処刑することはきわめて稀だったからである。魔術

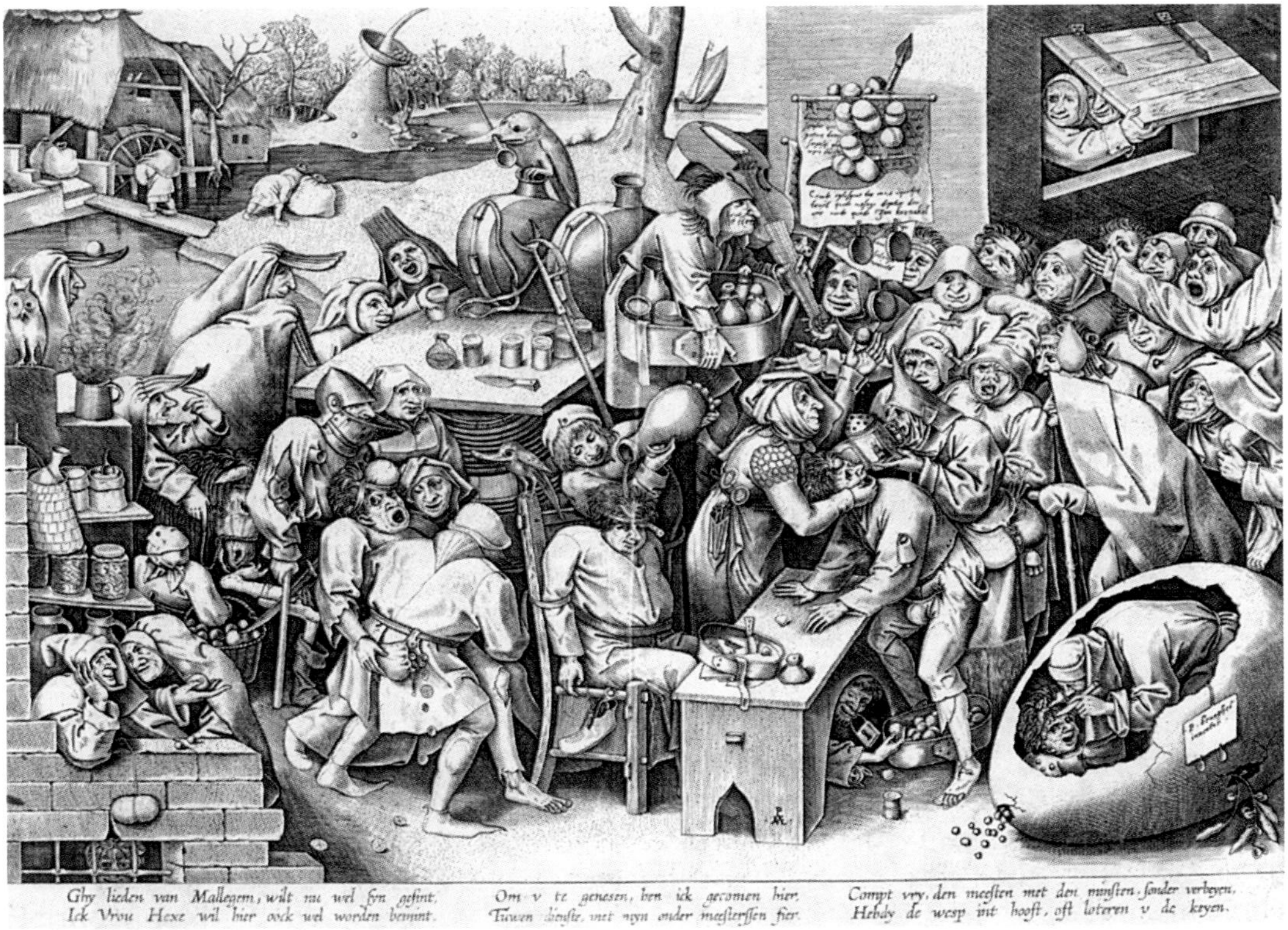
Ghy lieden van Mallegem, wilt nu wel syn gesint,
Ick Vrou Hexe wil hier oock wel worden bemint.
Om v te genesen, ben ick gecomen hier,
Tuwen ...sse, met myn onder meesterssen fier.
Compt vry, den meesten met den minsten, sonder verbeyen,
Hebdy de wesp int hooft, oft loteren v de keyen.

ピーテル・ブリューゲル（父）の原画に基づくエングレーヴィング。ピーテル・ヴァン・デル・ヘイデン作『マレヘムの魔女』（1559年）。「愚者の村」を意味するマレヘムにいる魔女に頭の石（愚者の石）を取ってもらおうと押しかける愚者たち。この図像は、魔術を幻覚あるいペテンとして描いていると言える。

の咎で告発された人物は告発者と同じ共同体や地域、つまり同じ信仰に属していることがむしろ一般的だった。ちなみにカルヴァンは一五四五年、ジュネーヴで起こった魔女裁判に参加したことが知られている。そこでは十数人が妖術の咎で拷問を受け処刑されたが、妖術の具体的な内容は「疫病を広めた」ということだった。カトリック教徒を迫害するために魔女裁判を利用したわけではない。

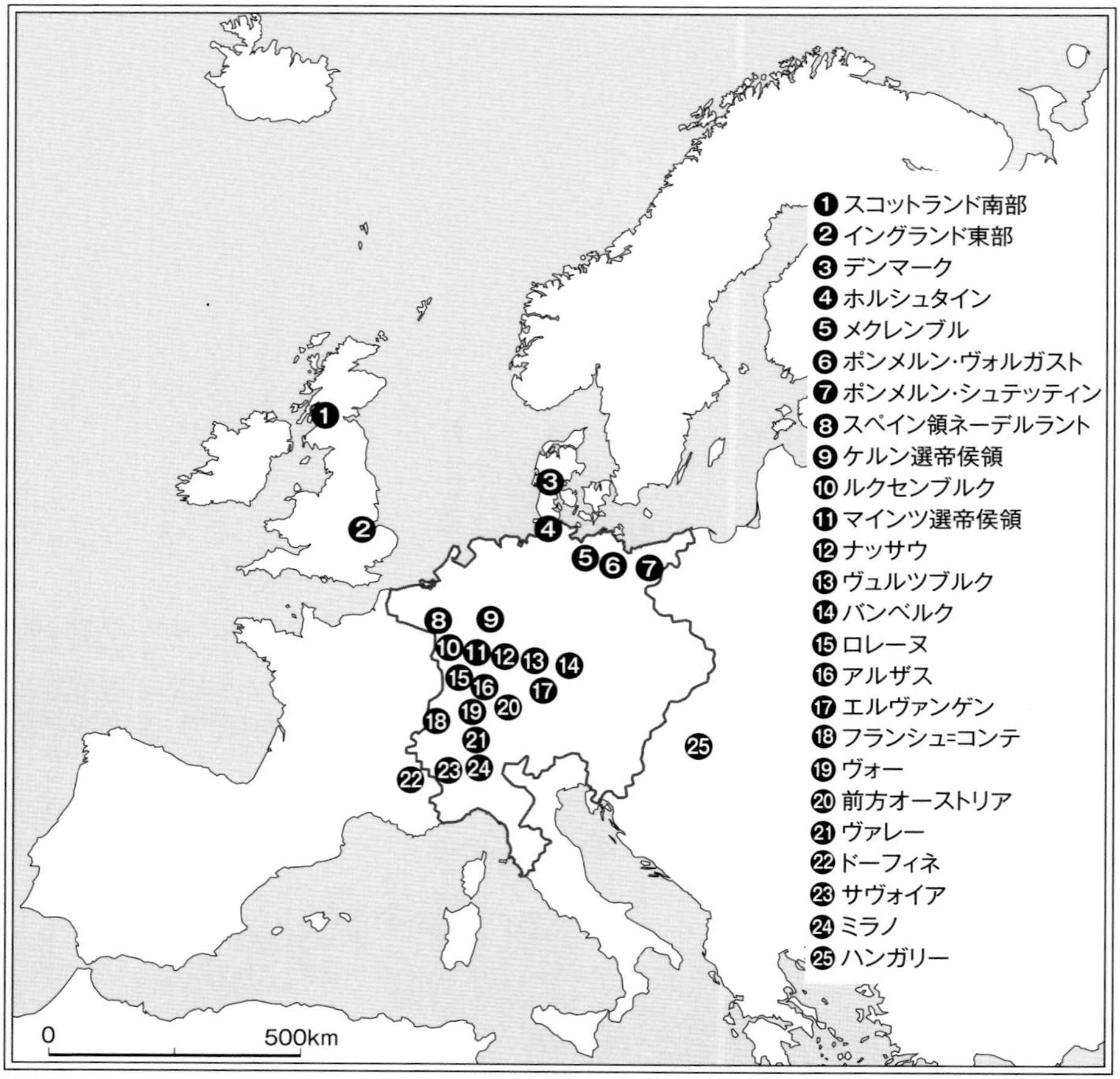

魔女狩り激発地帯。1400－1800年。Behringer（2004）より。

　だが、魔女狩りが宗教紛争と完全に無関係であったわけではない。魔女狩りは、ひとつの国の境界内に多くの宗教的少数派が住んでいるか、ひとつの国や領域の人々がある信仰を保持する一方で、隣接する国の人々が別の信仰を保持している地域で最も激しかった。こうした地域では宗教分裂と紛争が政治的な不安定と暴力を生み出し、魔女狩りの土壌を準備したのである。

　たとえば神聖ローマ帝国は数多くの領邦国家から構成されており、一五五五年のアウグスブルクの宗教和議の原則、「支配者の宗教がその領内に行われる」にのっとり、帝国内に諸信仰が混在していた。北部にはルター派の地域が多かったが、そのほかの場所ではカトリックに留まる地域やカルヴァン派を信仰する地域もあった。スイスはプロテスタントの州とカトリックの州から構成されていた。フランスは名目上カトリックだったがカルヴァン派の勢力が強く、一六世紀後半には三十数年間におよんだユグノー戦争（一五六二―九八。ユグノーはフランスにおけるカルヴァン派の呼称）が起こっている。スコットランドはカルヴァン派を国是としたが、北部には多くのカトリック教徒が残存していた。そのため、これらの地域では魔女狩りが盛んに行われたのである。

以上の諸地域と対照的なのがイタリアとスペインである。両地域とも魔女狩りと無縁というわけではなかったが、処刑数は抑制されていた。いずれもカトリック信仰を堅持した地域であり、宗教的に均質的な地域では魔女狩りが起こりにくかったことがわかる。ヨーロッパ各地域の魔女狩りの具体的様相については、次章で見ることにしたい。

プロテスタントの宗教改革とカトリックの宗教改革は、それぞれ立場が違い目指すところは異なっていたものの、「善きキリスト教徒」を育成するという方向性では一致していた。それぞれが宗教教育に力をそそぎ、生活の規律化を推し進め、信徒の道徳生活を向上させていったのである。これも魔女狩り増加の重要な背景のひとつである。

悪魔のカーニバル

一六世紀中頃から一七世紀中頃にかけての西欧各地で、新旧両教会の聖職者によって中世以来の伝統的な民衆世界の慣習（民衆文化）が非難され抑圧あるいは廃止されていく。中世にもカトリック聖職者による同様の動きはあったが、近世のものははるかに規模が大きかった。大道芸人、熊攻め、トランプ遊び、サイコロ遊び、予言、占い等、その種類は多岐にわたる。そして、これらの多くがいっときに集合して現われる慣習がカーニバル（謝肉祭）である。それは四旬節直前の数日間（二月から三月。移動祝日である復活祭の日に応じて毎年変わる）に行われるもので、食事の節制を行う四旬節に対して、本来は肉を与えてくれた神への感謝が捧げられる期間であった。しかしその姿は時代の流れの中で変化していく。それは冬を追放し春を招いて豊作を祈る異教的な祭りと融合し、また日常の鬱憤を晴らすべくどんちゃん騒ぎが行われ、泥酔・暴食・浪費・男女間の性的解放の場面が現出する非日常・無秩序の時空間となっていたのである。こうしてカーニバルは「非キリスト教的で無規律な」慣習として非難されることになった。様々な欲望が解放されるという点で、それは悪魔のものであるとされた。

たとえばスイスのバーゼルのカーニバルは一五二九年、三二年、四六年、九九年に相次いでプロテスタント勢力と都市当局によって禁止されたが、それはカーニバル期間中に行われる仮面行列、放歌高吟、太鼓やピッコロの器楽演奏、居酒屋での浮かれ騒ぎが問題視されたからだった。また、祭り全般も非難の的となった。スコットランドでは、一五七〇年代中頃からクリスマスや洗礼者ヨハネの祝日（六月二四日）等の祭りで、歌ったりダンスをしたり大篝火《おおかがりび》を焚いたり芝居を行ったりすることが批判された。カトリックのトリエント公会議（一五四五―六三）では次のような教令が出されている。「聖人を記念する祭りが、あたかも飲めや歌えの大騒ぎと品位のなさで祝われるべきかのように、聖人の祝いと聖遺物詣でが人々によって騒がしいお祭り騒ぎと酒びたりに貶められるべきではない」。

カーニバルを含む当時の祭りの特徴は、日常の社会的規範が「転倒」されることにあった。この非日常の時空間では愚者が賢者よりも称賛され、異性の服装の着用が行われるなど性役割の転倒が行われた。またカーニバル期間中に好んで行われた慣習シャリヴァリでは、嬶《かかあ》天下の

ブリューゲル（父）作『謝肉祭と四旬節の喧嘩』（1559年）。痩せた人物像が肉を絶ち禁欲する四旬節を、太った人物像が謝肉祭（カーニバル）の最終日「懺悔火曜日」を表す。謝肉祭と四旬節に行われるフランドルの宗教行事などの民間の慣習が生き生きと描かれている。

ブリューゲル（父）作『野外の農民の結婚祝いの踊り』（1566年）。画面中央に肩まで髪を垂らし花冠をつけた花嫁が父親らしき男性と踊っている様子が見える。

ピーテル・ヴァン・デル・ボルフト作『農民の婚宴』（1560年）。祭り気分の楽しげな様子が伝わってくる。右下隅には呑み過ぎた女性の姿、接吻を交わす男女が見える。遠景の畑前には抱擁する男女の姿も見える。婚礼の食事をつくっている大鍋も見える。

ダーフィット・テニールス（子）作『ケルメス（農民の祭り）』（1657年）。たらふく食べ、呑み、そして踊りに興じる農民たち。

妻や妻に殴られた夫がロバ等の獣に「後ろ向きに」乗せられ街中を引き回され嘲笑された。

以上のようなカーニバルに代表される民衆世界の慣習は、魔女信仰の中核にあるサバトのイメージにきわめて似通っている。神ではなく悪魔が崇拝され、十字架が冒瀆され、近親・同性間の乱交が行われ、踊りにくい背面舞踏が舞われ、幼児の肉が食されるのがサバトであり、そ

テニールス（子）は、魔女の絵も残している。箒にまたがってサバトに向かおうとする裸の魔女が見える。『呪文の光景』（1650年代初め）。

ニクラウス・マヌエル・ドイチュ作『魔女』（16世紀初め）。

ニクラウス・マヌエル・ドイチュ作『魔女』（1518年頃）。

れはまさしく日常の諸慣習の転倒の具現化にほかならない。

シュトラースブルクの画家ハンス・バルドゥング・グリーン（一四八四／八五―一五四五）が制作した一五一〇年の版画（五八ページ参照）は魔女のサバトを描いたものだが、上空には山羊に「後ろ向きに」騎乗して飛翔する魔女の姿が描かれている。バルドゥングが民衆世界の要素を図像に取り込む画家であったことを考えると、カーニバル的転倒がこの魔女イメージの背景にあることは間違いないだろう。

またシャリヴァリの様式が魔女の処罰にも応用されることがあった。ドイツ・ラインラントの医者ヨーハン・ヴァイヤー（一五一六―八八）の魔女裁判批判書『悪魔の幻惑について』（一五八三年版・初版は一五六三年）によると、イタリアのボローニャでは魔女に有罪宣告を下した後、上半身を裸にしてロバの尻尾を握らせて後ろ向けに乗せ、悪魔の絵が描かれた紙製のミトラ（司教が被る帽子）を被せて街中を引き回すのが習慣だった。

近世フランスの人々の言葉の中に、実際に、祭りとサバトを関連づけて理解している例を見出すことができる。セレス

Bruegel inuent
Cock excudebat 1565
DIVVS IACOBVS DIABOLICIS PRAESTIGIIS ANTE MAGVM SISTITVR

ブリューゲル（父）作『聖ヤコブと魔術師ヘルモゲネス』（1565年）。この図像は『魔術師ヘルモゲネスの転落』の図像と対になっている。聖人伝で有名なヤコブス・デ・ウォラギネ著『黄金伝説』（13世紀中頃）の話に題材をとったもの。パリサイ人は魔術師ヘルモゲネスの弟子フィレトゥスと聖ヤコブを対決させるが、フィレトゥスはキリスト教に改宗してしまう。怒ったヘルモゲネスは悪魔に聖ヤコブを捕えさせようとする。

ロバの背に後ろ向きに乗せられ引き回されている妻に殴られた夫。クロード・ノワロ著『魅力的な四旬節の肉食日における仮面…の起源』（1609年頃）より。

チン会小修道院長ピエール・クレスペは一五九〇年の著書で、古代ギリシア・ローマ神話の酒神であるバッカスの祭りの乱痴気騒ぎに始まり、当時のリヨンの祭りマシェクルトの仮装舞踏にいたる祭りの伝統の中に、魔女のダンスを位置づけている。彼はバッカス祭と魔女のサバトが同じ儀式であると考えていた。サン・リュフ律修参事会員ジュード・セルクリ

ブリューゲル作『魔術師ヘルモゲネスの転落』（1565年）。『聖ヤコブと魔術師ヘルモゲネス』のつづき。悪魔は神の使いの拷問を恐れて聖ヤコブの味方になり、ヘルモゲネスは敗北する。２つの図像には中世末のヒエロニムス・ボスの不気味な悪魔・怪物表現の伝統に連なる悪魔たちが描かれている。その中に箒や山羊にまたがる魔女も描かれている。

◀子供姿のバッカスの周りで、仮装して踊りに打ち興じる人々。その様子は魔女のサバトを彷彿させる。フランシス・クライン（1582〜1657/58）による原画。

ハンス・バルドゥング・グリーン作『魔女のサバト』（1510年）。

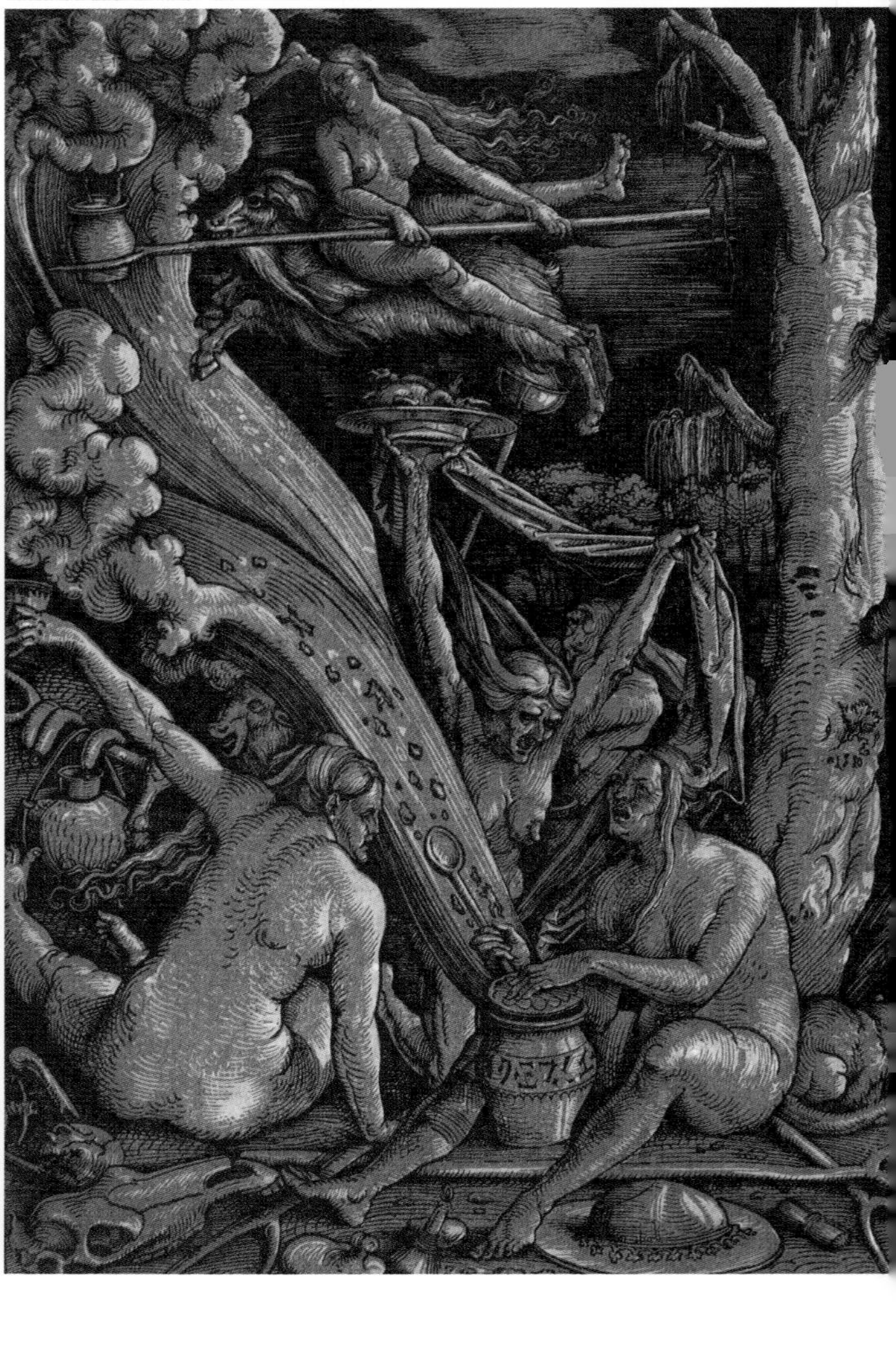

古代ローマの詩人オウィディウスの『祭暦』によると、バッカス祭のときには甘いお菓子を食べるが、それはバッカスが蜜蜂を発見したからである。木の周りで楽器を鳴らして蜜蜂を集めているのがサテュロスである。ロバに乗っているのはシレノス、その右側にバッカスが描かれている。ピエロ・ディ・コジモ作『蜜蜂の発見』（16世紀初め）。

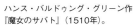

エは一六〇九年の著書で古代ローマ暦の各月朔日とギリシア・ローマ神話のマルスとパラス（アテナの別称）の祭りにサバトの原型を探し出そうとしていた。また、著作家フランソワ・ド・ロセは一六一五年の著書で、フランソワ・ヘドランは一六二七年の著書で同じようなことを述べている。すなわち、バッカス祭と魔女のサバトは同じ存在に支配されている。つまり主催神バッカスは実は山羊の格好をした悪魔にほかならない。バッカス祭にはサテュロス（バッカスに従う半神半獣の森の神）とマイナス（バッカスの巫女）が参加しているが、それらは実際には悪魔と魔女のことだと考えたのである。

近世国家と魔女

中央集権化の犠牲者

魔女狩りが猖獗《しょうけつ》を極めた近世という時代は、中央集権的な君主制にもとづいた国家が形成されていった時代でもある。これを考慮すれば、次のような考え方ができるだろう。魔女狩りの増加と中央集権的な国家の施策は深く関わっていたのではないか。魔女とは、中央集権化を進めつつあった近世国家が生み出した犠牲者だったのではないか。

この考え方は相互に関連する四つの説から成り立っている。

第一は、司法・行政上の中央集権化を重くみる説である。近世国家の発展は、中央すなわち国王の司法権の発展を伴った。王国が支配領域を拡大していくにつれて、王国周辺部で自律的支配を行っていた諸地域が中央政府の支配に屈することとなった。この過程で、魔女撲滅の布告が中央政府から発令されることによって、それまで魔女に対する対応について熟知していなかった地元当局に魔女の犯罪を詳しく知らしめることになった。その結果、魔女迫害が増大した。

第二は、官僚主義化した司法権力によ

Ein erschröckliche geschicht/so zu Derneburg in der Graffschafft Reinsteyn/am Hartz gelegen/von dreyen Zauberin/vnnd zwayen Mañen/In etlichen tagen des Monats Octobris Im 1555. Jare ergangen ist.

Die alte Schlang der Teüffel/dieweyl er Got/vnd zuuoran den Sun Gottes/vnsern Herrn Jesum Christum/vnd das gantze menschliche geschlecht/fürnemlich vmb vnsers Haylands Christi willen hasset/hat er sich bald im anfang/vnd kürtzlich nach der erschaffung vmb dz weibßbild/als vmb die/welcher same seinen kopff zertretten solt/angenomen/dieselbigen durch sein hinderlist vnd lugen/zu dem jämerlichen fal/deß vnglaubens vñ vngehorsams wider Got gebracht/Darauß das gantz menschlich geschlecht/in ewige verdamnuß vñ verderben komen were/so Christus vnser Hayland/den zorn des Vatters nicht weck genomen/vnd das gericht wider vns auffgehaben het. Nu behelt der alte Feind gleichwol alten haß wider Christum/vnd vns/für vñ für/vnd helt auch sein alte weyse/er setzet sonderlich dem weiblichen gschlecht hart zu/als dem schwecheren werckzeug/damit er sie von Christo wegreysse/vñ in ewige verdamnuß füre/vñ wie er zu Eua sprach/sie wurden werdẽ wie die Götter/Also bläßt er noch das gifft in der weyber hertzen/lernet sie zaubern/auff das er sie klug mache/das sie mehr wissen dann andere leüt/vnd also den Göttern gleich werden/damit macht er sie jm anhengig/vnd zu Teüffels dienerin/ja auch zu Teuffels breüten/wie dise jämerliche geschicht/welche warhafftigklich also wie vnden angezaiget/am Hartz ergangen ist/Die derhalben also gemalet vñ geschriben/im druck auß gangen. Auff das doch die rohelose welt/zu Gottes forcht erwecket/vnd von dem Gottlosen wesen abgeschreckt werden/ Dann Gott der allmächtige derhalben solche Exempel vns sehen laßt/das er damit vnsere harten hertzen durch dise erschröckliche exempel / zur forcht Göttliches gerichts/vnd straffe erwecke/man mag es malen/predigen/singen vnd sagen/vñ wie man jmer kan den leüten einbilden/damit der laydige hauffe ein wenig zu Gottes forcht/gehorsam/vnd zucht gezogen werde/besonder zu disen letsten zeyten/in welchẽ der listige Sathan/dieweyl er mercket/das der tag des gerichts sich nahet/gar rassend toll vnd vnsinnig ist/vnd bede durch sich vnd seine gelider/ grewlicher weyse/wider Christum vnd sein armes heüfflein wüttet/Die ellende welt aber dargegẽ so frey sicher in allem mutwillen dahin lebet/als ob der Teüffel vor langst gestorben sey/vnd kain Got/kain gericht oder straff/verhanden were/Der Almächtig Got vnd vatter/vnsers Herrn Jesu Christi/wölle dem grimigen feinde wehren/sein armes heüfflein vor jm vnd seinen glidern schützen vnd handthaben/seinem vnd der seinen wütten vnd toben/einmal ein ende machen/durch Jesum Christum Amen.

¶ Folget die geschichte / so zu Derneburg in der Graffschafft Reynstein am Hartz gelegen/ergangen ist/ Im October des 1555. Jars.

Auff den Dinstag nach Michaelis/den ersten Octobris/seind zwu Zauberin gebrandt/die eine Gröbische/die ander Gißlersche genañt/ vñ hat die Gröbische bekandt/das sie Aylff jar mit dem Teüffel gebület habe/vñ wie man dieselben Gröbischen zu der Fewrstat gebracht/vnd an die saul mit Ketten geschlagen/vnd das Fewr angezündt/ist der bule/der Sathan komen/vnd sie in lüfften sichtigklich vor yederman weck gefürt. Am Donerstag/nach dem die Gröbische vñ die Gißlerschin am Dinstag zuuor seind gerichtet worden/das ist den 3. Octobris/seind dise bede Frawen auff den abend in der Gißlersche hauß komen/vnd der Gißlerschen man zur thür hinauß gestossen/das er nider gefallen vnnd gestorben ist/welches ain Nachbaur gegen vber gehöret/vnd zu gelauffen ist/durch die thür gesehen/das zway weyber bede eytel fewrige/vmbs fewr gedantzet/der Gißlerschin man aber/lag vor der thür vnd war todt. Am Sonnabendt nach Dionisij/das ist der 12. Octobris/ist der Gröbischen mañ gerichtet worden/vmb der vrsach willẽ/das er bey seines weybs schwester geschlaffen hat/welche er zuuorn zum weybe gehabt/vñ darnach die Gröbischen genomen/Des Montags darnach/das ist der 14. Octobris ist ain weyb die Gerckschen genandt/auch verbrandt worden/der vrsach/das sie des Herrn Achacius von Veldthaym des Stiffts Halberstat Hauptmañs weybe vergeben hate/ vnd ainem mañ zu Derneburg ain Krotten vnter die Schwöllen gegraben/daruon der man erlamet/vnd jm das vihe vmbkomen ist.

¶ Hie sihet man wañ der Teüffel an ainem orth einnistet/vñ begundt zu Regieren/wie wüst er mit seinem gifft vmb sich stichet/wie vil personen komen hie vmb/in wenig tagen/vnd soll vns solch grewlich exempel billich raytzen zur buß/vnd zur forcht Gottes/auff das wir vns mit dem wort Gottes vnd gebette/wider den gemelten feynd schützen/vnd mag dise Historj den sichern gotlosen Epicurern vnnd Zaubrern/wol ain erinnerung sein/dieweyl sie sehen/das der Teüffel noch lebt/vnd das daß Hellische fewr noch nit erloschen ist/Der Almechtig Got wölle sie auch zur busse bringen/vnd vns alle inn/vnd bey seinem raynen wort erhalten/vnd mit seinem hayligen Gayst regieren/ auff das wir leben inn aller Gottseligkayt/Zucht vnd Erbarkayt/zu ehren seinem hayligen Namen/Durch vnsern Herren Jesum Christum/ AMEN.

¶ Getruckt zu Nürnberg bey Jörg Merckel/durch verleg Endres Zenckel Botten.

1555年、ドイツのハルツ山麓のデレンブルクで行われた魔女の火刑。当時のちらし（1555年）より。

って使用された拷問を重視する説である。大規模な魔女狩りは異端審問手続きを採用することによって可能となった。異端審問手続きは、一五、一六世紀のあいだに国家の関与が深まり、一七世紀までに絶対主義的国家の主要な特徴のひとつとなる。魔女がこの手続きのもとで捕えられたが最後、そこから逃れる可能性はほとんどなかった。

　第三は、前節で確認したことと関係するもので、近世国家による社会の規律化を重視する説である。近世国家は教会勢力の協力のもと、民衆の粗野な生活を改めさせ、社会を改革して神聖な共同体に変えようとした。この試みは国王から地方裁判官や末端の聖職者にいたる公職に関わる人々によって推し進められた。国王を頂点とする当時の支配階層が目指していたのは、キリスト教信仰に厚い、均質的な臣民からなる社会であった。折しもカトリック、プロテスタント双方が宗教改革と反動宗教改革を経て、民衆のキリスト教化を推し進めていた時期でもある。その結果、祭りをはじめとする伝統的な民衆世界の慣習が悪しき迷信とみなされ、キリスト教会側だけでなく世俗当局側からも抑圧されていった。魔女狩りは、このような民衆文化の変容の過程で生み出されたのである。

　第四は、教会に対して国家がおよぼす力が増大したことを重視する説である。司法権について言えば、近世になると、それ以前は教会に委託されていたはずの事件を世俗当局が引き受けたり、世俗裁判所を効果的に援助するために教会裁判所を利用したりするようになった。こうした変化が一六世紀のヨーロッパ各地で起こり、魔女狩りを容易にした。なぜなら世俗国家側は教会以上に強力な司法権力を行使できたからである。また魔女の罪は、神に対する反逆という宗教的罪と、人畜に病・死をもたらすといった世俗的罪から構成されるが、このことが魔女を裁く際に教会と世俗当局＝国家の協力を容易なものにした。魔女の罪は一方では神への反乱、もう一方では国家に対する反逆としてみなされた。こうして、国家は宗教的逸脱者、つまり魔女を断罪することを通して、新しい国家体制を構築することができた。

　以上の四つの説は、確かに近世国家の発展と魔女狩りの増加が相互に関係していることをわかりやすく説明してくれる。しかし、国別・地域別に仔細に検討すると、ことはそう単純な話ではない。中央集権的な君主制の国家が魔女狩りを増加させたという考え方には注意が必要である。なぜなら、魔女狩りを実際に扇動したのは地元の当局であり、中央政府の役人たちは魔女狩りを抑止する傾向にあったからだ。いくつかのケースを見てみよう。

中央政府対地元当局

　魔女狩りが最も激しかった神聖ローマ帝国には、強力な中央権力がなかった。一五三二年に皇帝カール五世の名を冠して制定された『カロリーナ刑事法典』は、帝国全土に通用する統一的な刑事法典であり、一九世紀初頭に帝国が崩壊するまで形式的には帝国法として存続していた。この法典は異端審問手続きや魔女に関する規定を含み、魔術により他人に障害を与えた者には異端として火刑を命じる一方で、呪術を用いて占いをすると称される者が一個人の告発によって投獄・拷問されてはならないとするなど、恣意的な裁判濫用には批判的であった。しかし、帝国当局がすべてこの法典にもとづいて魔女に対処することは、帝国の権力があまりにも弱いために困難であった。そのため帝国内の領邦国家はかなり自由な裁量で魔女を裁くことができたのである。帝国当局が地元の魔女裁判に要求できたのは、地元当局が熟知しない犯罪については近隣の大学の法学専門の教授に照会するということだった。しかし、これは裁判の抑止にはつながらなかった。なぜなら、訴訟手続きと悪魔学の理論を地元の裁判官たちに教えた者こそ、こうした法学者にほかならなかったからである。

スコットランドの魔女狩りも激しかった。一五世紀以降、スコットランドは中央政府の権力増大に努め、異端審問手続きの一部を取り入れていた。政治的敵対者に拷問を使用することもあった。スコットランド国王ジェイムズ六世（在位一五六七―一六二五。一六〇三年以降イングランド国王を兼ねた）は魔女狩りが激し

スコットランド国王ジェイムズ6世（1603年よりイングランド国王を兼ねた）の肖像。

CHRISTO AVSPICE.
PLVS VLTRA.

Des aller Durchleuchtichsten
Großmächtichsten/vnüberwindlichsten Key-
ser Carols des fünfften/vnd des heyligen Rö-
mischen Reichs Peinliche Gerichts
Ordnung.

Von Richtern/Vrtheylern/vnd Ge-
richts Personen.

ERstlich setzen: Ordnen vnnd wöllen wir / daß alle Peinliche Gericht mit Richtern / Vrtheylern vnnd Gerichtsschreibern / versehen vnd besetzt werden sollen/von frommen / erbarn / verstendigen vnd erfarnen Personen/ so tugentlichst vnd best/ dieselbigen nach gelegenheyt jedes orts gehabt vnnd zubekommen sein. Darzu auch Edle vnnd Gelehrte ge-
A brauchts

『カロリーナ刑事法典』（1559年版）。

ジェイムズが魔女を尋問している様子。国王は治世晩年には魔女問題については懐疑的になっていた。『スコットランド便り』（1591年）より。

かった時期の国王であり、自ら魔女狩りを支持する『悪魔学』（一五九七年）を著した。彼は王権神授説の信奉者であり、イングランド議会と対立し、のちのピューリタン（清教徒）革命（一六四二―四九）の原因をつくったことで知られる。このような事情から、スコットランドの絶対主義的国家の興隆と魔女狩りの増加を結びつけたくなるが、それは早計である。

一五六三年に布告された魔術法令は、魔術を行う者やそのような輩に相談した者に死罪を命じたものであり、国家によって処罰される罪として魔術を位置づけたものとされる。魔女の犯した罪が深刻な場合、教会は魔女を世俗の判事に引き渡した。しかし実際は、この法令は社会の道徳的改革と規律化を進めていたカルヴァン派のスコットランド教会の大きな圧力下にあった議会により採択されたものだった。スコットランドの世俗当局に魔女迫害を鼓舞したのは教会側だったのである。

一五九〇年代は、ジェイムズ六世が『悪魔学』を執筆するきっかけとなったノース・ベリックの魔女裁判を含む魔女狩りの波が高まった時期であった。一五九〇年から翌年にかけて起こったノース・ベリックの魔女裁判では、国王がデンマークからアン王女を娶る際に魔女たちが魔術を使って航行を妨害し、また国王を亡きものにしようとしたこと、さらに魔女の一味にはジェイムズに跡取りがいない場合に後継者となる資格があったボズウエル伯が含まれていたことが発覚したという。魔術の罪と反逆罪が結びついていたのである。また一五九七年には、アバディーンで魔女裁判が行われ、二四人の男女が火刑に処された。この裁判には『悪魔学』の刊行が影響しているという説もある。

一見、国王・国家側の姿勢が魔女狩りの原因となっているようだが、実際は次のようであった。一五九一年から九七年のあいだ、町や教区での地元当局に対して魔女を探し出し処罰する権限を与えた

これらはいずれも『スコットランド便り』の挿絵である。このパンフレットはノース・ベリックの魔女裁判に関するもので、魔女と戦う国王ジェイムズを宣伝しようとしたものだった。魔女たちの様々な有害な魔術が描かれている。

のは枢密院だったが、その権限は魔女の告発を求める地元の圧力に応じて与えられたものだった。やがて地元の魔女告発の動きは中央政府の制御できないものとなり、一五九七年には枢密院は委譲した権限を撤回し、今後はすべての魔女裁判は枢密院か議会の許可を得ることとした。スコットランドの魔女裁判を激化させたのはどちらかといえば地元当局のほうであり、中央政府は反対に魔女裁判を抑制する傾向にあったのである。またスコットランドにおける異端審問手続きは、刑事訴訟手続きにとしては、部分的に採用されたにすぎなかった。拷問の使用は、反逆罪などの政治的な犯罪に対して使用されたのである。

スコットランドに隣接するイングランドでは魔女狩りはより温和であった。その一因は司法システムが高度に中央集権化されていたことによる。魔女の告発は、中央政府が開始したわけではなく地方で行われたものだが、年二回の巡回裁判に出席した中央の裁判官によって効果的に監督されていた。このため拷問の使用も抑止されたのであり、異端審問手続きによって魔女が裁かれたのではなかった。一六四五年から四七年にかけてイースト・アングリアで起こったマシュー・ホプキンズによる大規模な魔女狩りは、巡回裁判官が不在のときに起こったのである。

Matthew Hopkins Witch Finder Generall
My Imps names are
Holt
1 Ilemauzar
2 Pyewackett
Jarmara
Sacke & Sugar
3 Pecke in the Crowne
4 Griezzell Greedigutt
Newes
Vinegar tom

マシュー・ホプキンズ著『魔女の発見』（1647年）より。上部中央に「マシュー・ホプキンズ　魔女狩り将軍」の記述が見える。ホプキンズの前に２人の魔女と5匹の使い魔が描かれている。右の魔女の口元には「わしの使い魔の名前は」という吹き出しが見える。イレモザール、パイワケット、ジャマラ等の名前が、それぞれの使い魔に付いていることがわかる。

Witches Apprehended, Examined and Executed, for notable villanies by them committed both by Land and Water.
With a strange and most true triall how to know whether a woman be a Witch or not.
Printed at London for Edward Marchant, and are to be sold at his shop ouer against the Crosse in Pauls Church-yard. 1613.

魔女が水審判を受けている様子。1613年にロンドンで出版されたパンフレットの表紙絵。最上部には、「水陸に対して犯された著しい悪事のために逮捕され、尋問され、処刑された魔女ども」と記されている。

この件については、ホプキンズの自称「魔女発見将軍」の特異な性格と活動時期も考慮する必要がある。時はピューリタン革命の時期であり黙示録的な風潮がはびこっていた中で、ホプキンズと当時の人々は魔女の脅威を感じていた。ホプキンズは町から報酬をもって迎えられ、助手ジョン・スターンとともに魔女狩りを行った。頻繁に使用された魔女発見法は「水審判」であった。これは古代バビロニアでも使用されていた神明裁判の一形式で、一二一五年の第四ラテラノ公会議で禁止されたにもかかわらず一六世紀後半に復活し、イングランドはもとよりヨーロッパ各地で用いられるようになっていた。魔女の疑いがある者の両手両足を交互に結わえたうえで川などの冷水中に投じ、沈めば無罪、浮けば有罪とされた。純粋な性質をもつ水は、不浄な魔女を受け入れないと考えられたからである。

パリ高等法院への控訴数(5年ごと)

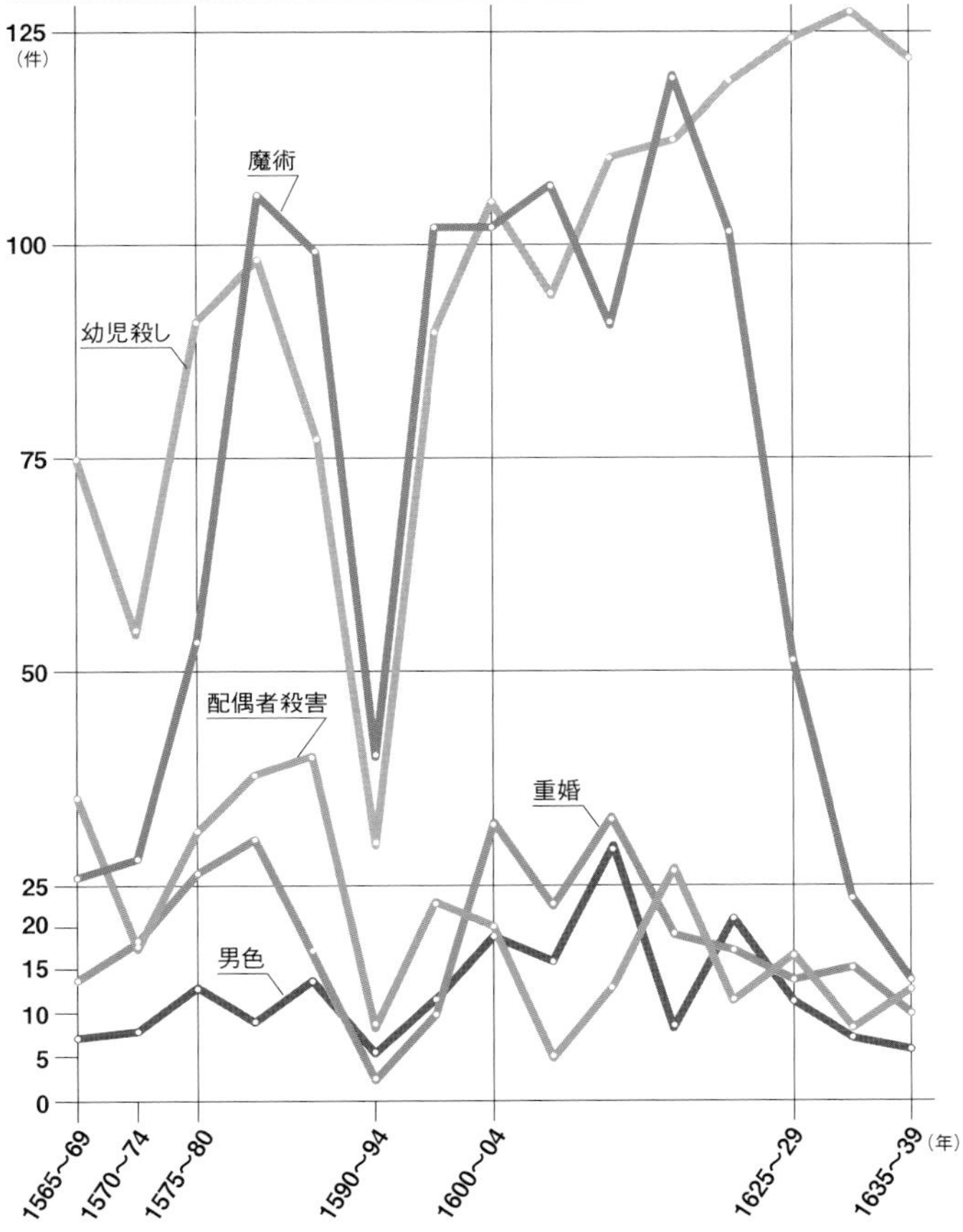

魔術の罪が、ほかの反道徳的・性的犯罪と共に増減していることがわかる。
Soman(1977)より。

　フランスでは王国周辺地域で激しい魔女狩りが起こった。近世フランスの大きな特徴は王権が強化され、絶対主義化が進んだことである。したがって王国周辺地域における魔女狩りの増加と国家の中央集権化の進展を関連づける見方がそれなりの説得力をもつことは確かである。しかしここでも、既に見た諸地域と同じことが指摘できる。すなわち、周辺地域で魔女狩りが頻発したのは、中央政府が地元の司法手続きを監督することに失敗したからなのである。

　また魔術を犯罪とみなさない動きが、フランスの王政の一機関である高等法院から出たことも忘れてはならない。パリ高等法院は一五八八年、すべての魔術に関わる有罪判決を強制的に再調査する方針を打ち出した。この規定は一五八七年から翌年にかけてシャンパーニュ＝アルデンヌの地域で起こった魔女狩りをきっかけに提案され、その後の一六〇四年、二四年にも改めて制定された。この時期魔女狩りは、魔女に対する「水審判」や処刑、また私刑《リンチ》が行われるなどパニック状態を呈していたのである。高等法院は地方の魔女狩りをコントロールする中で、拷問の執行も抑止しようと努力した。フランスにおける司法の中央集権化は、上位の裁判所が地元の裁判官の行動を監視することを意味したのであり、魔女裁判を濫用した場合には刑事告発がなされることもあったのである。

一七世紀以降に衰退するものの、フェリペ二世（在位一五五六―九八）の治世のもと「太陽の没することのない帝国」を実現していたスペインでは、魔女として処刑された者は少なかった。魔術に関わる訴訟を審理したのは異端審問所だったが、それは教会制度でありながら、スペインでは国王の管轄下にある王国の制度でもあった。中央集権的な国家の機関としての異端審問所が、魔女狩りを抑制したことになる。

以上見てきたいくつかのケースからわかるように、近世における絶対主義的な国家の発展と魔女狩りの増加を安易に結びつけることは慎まなければならない。

バスク地方。17世紀初め、フランスのボルドー高等法院評定官ピエール・ド・ランクルは、バスク地方で魔女狩りを行った。バスク人の独特の文化・風習が、魔女の証拠とされたのである。©B.SCHMID/SEBUN PHOTO/amanaimages

魔女イメージの変容

家父長制と女性の地位

近世の魔女狩り時代に魔女として裁かれた人々の性別を見ると、圧倒的に女性であった。しかし中世末と一五世紀の魔女狩り時代の初期には男性もかなり含ま

告発された魔女の性別

地域	時期	男性	女性	女性が占める割合
バーゼル司教区（スイス）	1571–1670	9	181	95%
エセックス州（イングランド）	1560–1675	23	290	93%
ナミュール州（スペイン領ネーデルラント）	1509–1646	29	337	92%
ハンガリー	1520–1777	160	1482	90%
西南ドイツ	1562–1684	238	1050	82%
ノール県（フランス）	1542–1679	54	232	81%
トゥール（フランス）	1584–1623	14	53	79%
ニューイングランド	1620–1725	75	267	78%
ルクセンブルク	1519–1623	130	417	76%
ジュネーヴ（スイス）	1537–1662	74	240	76%
フランシュ=コンテ	1559–1667	49	153	76%
カスティリア地方（スペイン）	1540–1685	132	324	71%
ヴェネツィア	1550–1650	224	490	69%
ヴォー州（スイス）	1581–1620	325	624	66%
アラゴン地方（スペイン）	1600–1650	69	90	57%
フィンランド	1520–1699	316	325	51%
エストニア	1520–1729	116	77	40%
ロシア	1622–1700	93	43	32%

Levack（1995）より作成。

れていた。これには魔女が異端との関わりの中で誕生してきたことが関係していると考えられる。異端には男女とも含まれていたからだ。近世において、なぜ女性としての魔女イメージが定着したのか、またそもそも、なぜ女性が魔女として断罪されなければならなかったのか。これらの問題については、当時のヨーロッパ社会における女性観と女性をめぐる状況を考えておかなければならない。

　ヨーロッパ・キリスト教世界における女性イメージの原型は聖書の中にある。それは旧約聖書『創世記』に登場するイヴである。天地創造の過程で神があらゆる生き物を支配させるために創り出したのは、神自身の姿をかたどったアダムであった。神はアダムに援助者が必要だと考え、アダムを眠らせ、そのあばら骨の一部を抜き取り、それでイヴを創造した。神の似姿であるアダム（男性）より劣った存在としてのイヴ（女性）という思想をこの話から読み取ることができる。

　人類の二人の始祖は、エデンの園の中央に生える善悪を知る木の実を食べては

ルーカス・クラーナハ（父）作『楽園のアダムとイヴ』（1530年）。前景に神に叱責されるアダムとイヴ。イヴの左手には禁断の実が握られている。後景右から左にかけて、アダムの創造、禁断の実を食べる２人、眠っているアダムの脇腹から創造されるイヴ、神から隠れる２人、エデンの園からの追放の各場面が描かれている。

ハンス・バルドゥング・グリーン作『アリストテレスとフィリス』（1513年）。古代ギリシアの哲学者アリストテレスは、マケドニア王国のアレクサンドロス大王の家庭教師を務めた。大王の妻（あるいは愛妾）フィリスに誘惑されたアリストテレスは求められるままにフィリスを乗せて庭を一周する。大哲学者も女性の誘惑に負けてしまう。13世紀から16世紀にかけて男性を凌ぐ女性の力を表す表現として好まれた。

ハンス・ブルクマイア（父）作『アリストテレスとフィリス』（1519年）。服装は当時のものである。

イスラエル・ファン・メッケネム作『怒れる妻（ズボン争い）』（1495〜1503年頃）。妻が女性の象徴である糸巻き棒を振り上げ、夫につかみかかって家長の象徴であるズボンを奪おうとしている。空中には悪魔が飛行し、女性の力の悪魔性を強調している。

いけないという神の命令に背き、園から追放された。そのきっかけは蛇（悪魔）にそそのかされたイヴが実を食べたことだった。アダムはイヴに勧められた結果、実を食べてしまう。追放の際、神はイヴには陣痛の苦しみと男性に支配されることを、アダムには労働の苦しみが生涯つきまとうことを告げた。そして人類は死すべき存在となった。イヴ（女性）がアダム（男性）を誘惑したがために、人類はエデンの園から追放され、死という忌まわしい宿命を担うこととなったのである。キリスト教において、女性は否定的評価を受ける存在であった。このようなイヴ＝女性イメージはカトリックだけでなく、聖書中心主義に立つプロテスタントにも受容された。まして聖母マリア崇拝を否定したプロテスタントにとっては、カトリック以上にイヴの罪は重いものとみなされた。

　プロテスタントがカトリックと異なり、聖職者の妻帯を許したことを考えると、現実社会の女性に対しては寛容だったのではないかと思われるかもしれない。ルター派牧師ヨハネス・マテジウスは「妻のいない男は、半身の人間で身体の半分を持っているにすぎず、援助がない非常

告発された女性の魔女の結婚の状態

地域	時期	既婚	未亡人	独身	既婚の割合
ケント州（イングランド）	1560–1700	11	24	19	25%
トゥール（フランス）	1584–1623	17	29	7	36%
エセックス州（イングランド）	1645	22	21	8	43%
ジュネーヴ（スイス）	1537–1662	104	81	50	44%
スウェーデン	1668–1676	49	19	32	49%
モンベリアール（フランシュ=コンテ）	1555–1661	31	25	11	50%
セイレム（ニュー・イングランド、マサチューセッツ州）	1692–1693	68	22	40	52%
バーゼル（スイス）	1571–1670	110	60	11	61%
ヴェネツィア	1550–1650	170	71	32	62%
スコットランド	1560–1700	245	67	7	70%

Levack（1995）より作成。

告発された魔女の年齢

地域	時期	年齢が確認できる魔女の数	50歳以上	50歳以上の割合
エセックス州（イングランド）	1645	15	13	87%
ジュネーヴ（スイス）	1537–1662	95	71	75%
ヴュルテンベルク	1560–1701	29	16	55%
ノール県（フランス）	1542–1679	47	24	51%
セイレム（ニュー・イングランド、マサチューセッツ州）	1692–1693	118	49	42%

Levack（1995）より作成。

に貧乏な哀れな人間なのだ」（『結婚生活と家事』一五六四年）と述べている。確かにプロテスタントでは、女性は男性と霊的に同等であり愛するに値すると考えていた。しかし同時に、聖書のイヴ観も保持しており、霊的な等しさ以外の点では女性は男性より劣ったものであるとみなしていたのである。このような女性観から、プロテスタントが家庭で求めたのは男性に服従する女性、すなわち「良き妻」であった。実は、男性に反抗的で、その権威に歯向かう女性は魔女とみなされる可能性があった。ニュルンベルクの職匠詩人でルター派であったハンス・ザックス（一四九四―一五七六）は、『老女と悪魔』（一五二四年）の中に、悪魔と魔女にそそのかされ、貞淑な女性から怒りっぽいガミガミ女に変貌してしまい夫に暴力をふるうようになった妻を登場させている。ザックスは多くの詩や道化芝居で「始末に負えない女」と魔女を等しい存在として扱った。

またカルヴァンは、妻が夫に服従することは、男女両性が神の権威に服従することを保証するものだと考えていた。このような考え方は、国王や政治理論家も共有するものだった。すなわち家庭内では、妻の夫への服従と子供の両親への服従が必要とされ、この関係を法的に強化することによって、男女臣民の中央集権的国家への服従が保証されると考えたのである。こうして宗教界側・世俗界側の双方で家父長制が普及していったのが近世という時代である。したがって、夫や父親といった家庭の主と関係が切れた人々は怪しまれる存在であった。男性から経済的に独立している独身女性、また男性の保護下になく性的体験を積んだ未亡人がそうだった。彼女たちもまた魔女とみなされる可能性があった。

むろん女性の地位が男性に比べて低か

ヤーコプ・ビンク作『女に殴られる悪魔』（1528年）。ガミガミ女が悪魔を殴るモチーフも好まれた。男性がコントロールできない女性への不安・恐怖を表している。

ったのは、近世特有のことではない。中世もそうであったが、近世とは事情が違った。中世以来「教会では女は沈黙を守る」という原則があり、これは教会など公的な場所では女性は本質的な役割を持っていないということを意味した。女性の社会的地位は夫・息子・父親・兄弟の地位の反映にすぎなかったのである。しかし一三世紀から一五世紀にかけて、女性は様々な職種に就くこともできた。都市はまだ発展を続けており、手工業生産物の需要も高かったため、労働力が必要であった。また、一四世紀中頃のペスト流行により都市人口が激減したため、不足した労働力として女性の活躍の場が広がり、賃金労働者としてはもちろん、同職組合の女親方として活動する者もいた。

悪化する女性の立場

しかし、女性の立場は中世末から近世にかけて悪化の一途をたどっていく。たとえば、女性は自分の所有する財産を自由に処理できなくなった。中世後期の女性は結婚持参金を自分が定めた人物に譲渡することができた。それは女性でもよかった。しかし、この権利は一六世紀になるとヨーロッパの多くの場所で制限されるようになり、男性相続人以外に譲渡することが禁止されるようになった。また女性が遺言により宗教施設に多額の寄付をすることがあったが、この自由も一六、一七世紀に制限されていった。一五〇一年、シュトラースブルクの市参事会は女性が女子修道院に寄付できる金額を制限したが、それは女性の親戚から財産相続権を奪い、また都市の税収を減少させるからだった。市参事会の見解は、すべての未亡人と未婚女性は財産の問題については保護者が必要であるというものだった。

　従来携わることに支障がなかった職業から女性が締め出されることも多くなった。たとえば女性は非常に不器用で未熟であるという理由で、硝子細工には不適とされた。熟練のわざを要する仕事には男性が適していると考えられたのである。また中世以来、小売商売は女性の仕事であり、市参事会が女性をその検査官や監督官に任命したこともあった。しかし一六、一七世紀にこうした職業からも女性は姿を消していく。また施療院や孤児院などにおける慈善活動には、もともと女性が多く関わっていたが、近世になると公的な制度外における女性の慈善的な医療活動に対して批判が高まっていった。医療を施すには資格が必要とされるようになり、そうでない場合はヤブ医者や山師と同一視された。そもそも大学の医学部に女性は入れなかった。

　女性の職業からの締め出しと立場の悪化には、一六世紀に頻繁に起こった天候不順による凶作と飢饉の勃発、そして人口増大も関係している。一四世紀中頃のペスト流行以来減少していた人口が、一六世紀中頃には一四世紀中頃以前の水準に回復し、さらに増加を続けていた。このため穀物価格が高騰し、実質賃金は減少し職に就けない者が増加した結果、ヨーロッパ全土で貧民が急増した。こうした社会状況の中で悪いあおりを食ったのがもともと立場の弱かった女性だったのである。とくに年老いた女性がそうであった。

性の規律化の強化

　家父長制の伸張と並んで中世末から近世にかけて起こった社会現象として、性の規律化の強化がある。これも教会側・世俗界側双方から進められ、女性イメージの変化とともに、魔女狩り増加のひとつの背景となった。中世末から近世にかけて、売春宿は閉鎖を含め制限が強化されていく。たとえば一四六九年のシュトラースブルクでは市中の所々に娼婦が生活しているのが見られたが、一五七一年以降、市参事会は罰金と罰則をもって娼

Of Pride.

When daintie dames hath whole delight : with proude attyre them selues to ray.
Pirasmos shineth in the sight : of glittering glasse such fooles to fray.

The signification.

The woman signifieth pride : the glasse in her hand flattery or deceate : the deuill behinde her temptation : the death head which she setteth her foote on, signifieth forgetfulnes of the life to come, wherby commeth destruction.

H.iij.　Take

「女は自惚れを表す。手に持つ鏡は甘言と欺瞞。背後の悪魔が女を誘惑する。足元にしゃれこうべが転がっているのは、破滅を意味する死がいずれやって来ることを忘れていることを意味している」。スティーヴン・ベイトマン著『キリスト教改革の水晶鏡』（1569年）より。

ジャック・カロ作『ロザリオを手にする女乞食』。25枚のエッチングから成る『乞食たち』（1622～23年）のうちの1枚。カロ（1592～1635）は、当時の民衆たちの様子を活き活きと伝える多くのエッチングを残している。

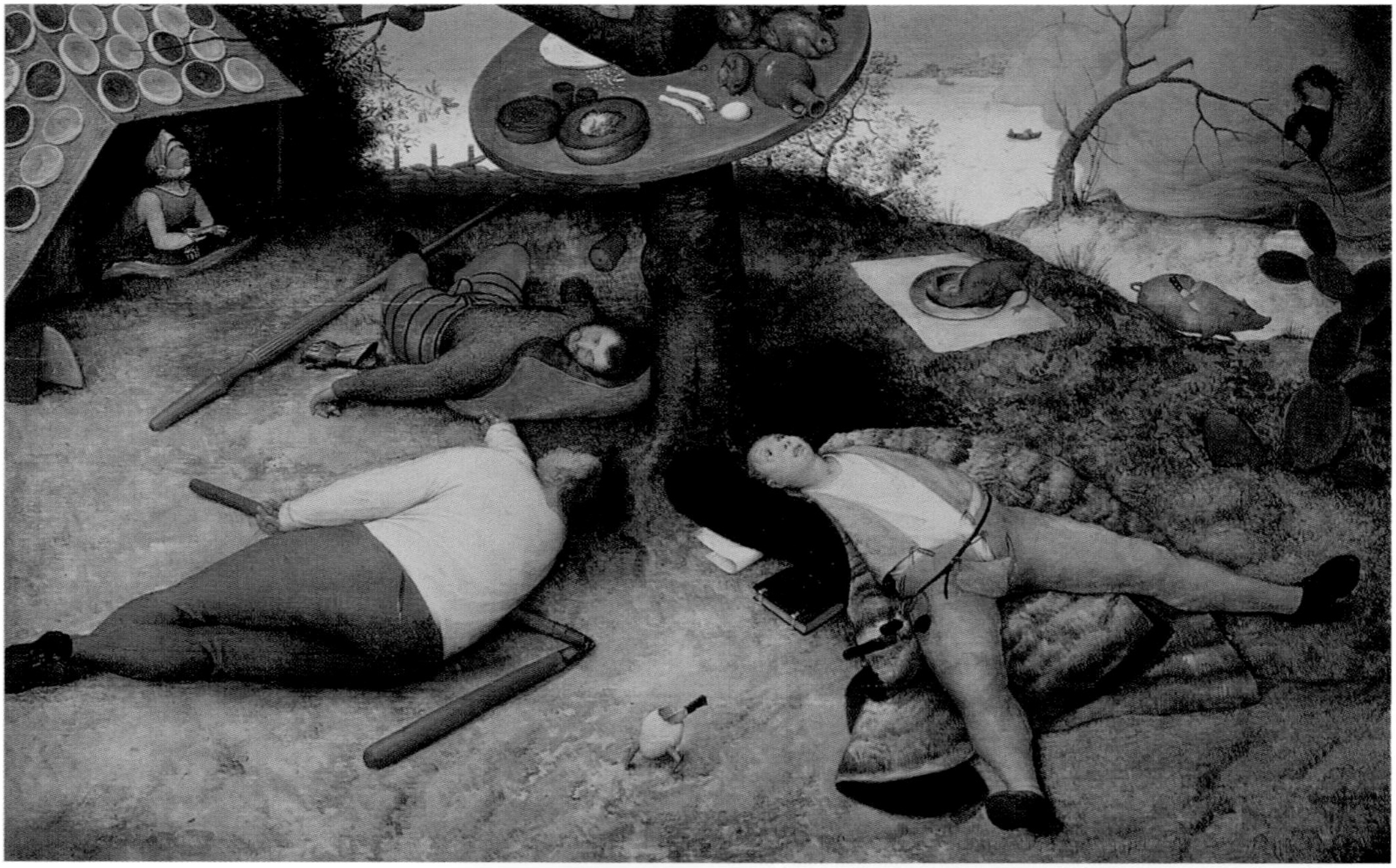

ブリューゲル（父）作『怠け者の天国』（1567年）。書記、農夫、騎士の各身分の男性が本来の仕事を放棄して寝転んでいる。食べ物は自分から人間のもとに食べてもらうためにやって来る。ソーセージでできている垣根が見える。

ヤン・ステーン（1625/26〜1679）作『娼婦』。

婦たちを一カ所に集めて管理しようとした。このような処置は一六世紀になり著しく進められた。中世には教会・世俗双方によって必要悪とみなされていた娼婦の立場は、一六世紀に大きく変化する。娼婦は「名誉ある女性」と間違われないように独特の目印を身につけることが都市当局によって義務づけられ、品行方正な人々との差異化が図られると同時に、公娼館そのものを視界からなくすことが試みられた。娼婦は都市の周辺部から完全な外部へと排除されるようになった。とくにプロテスタントによる宗教改革以後、売春に対する締めつけや制限は劇的に増加し、ほとんどのプロテスタント都市はもちろん、カトリック都市でも公娼館が閉鎖されていった。

近世という時代は、教会側・世俗界側双方が人々の振る舞いや生活を律していこうとする時代であった。礼儀正しいこと・秩序・道徳性が重要視され、それに違背すること、たとえば酒びたり・暴食・姦通・売春などは罪悪視され断罪された。中でも人々の性的行動をコントロールすることは重要課題であった。たとえば、同性愛や獣姦や母親による幼児殺しに対する告発は、一五世紀に上昇し始め、一六〇〇年頃にピークを迎えており、魔女狩りの波と重なっている。このような時代と社会の環境のもとで進展していった男性優位の社会にあって、一般女性も男性を性的に堕落させる存在として見られる可能性が常にあった。この女性イメージにはイヴのイメージがまとわりついている。実は、娼婦と一般女性の境界はある意味曖昧であったのだ。

魔女はサバトで悪魔崇拝を行い、背面舞踏を踊り、幼児の肉を食べることに加え、悪魔や仲間の魔女と乱交を繰り広げるとされる。そのうえ、サバトは魔女である女性中心の世界である。魔女の世界は、男性が優位を占める近世の日常生活のあらゆる価値観が転倒された無秩序の世界にほかならなかった。近世的価値観の正反対の表象として魔女の世界は位置づけられるものだったのである。

ハンス・バルドゥング・グリーンの魔女イメージ

一六世紀前半に生涯を送ったシュトラースブルクの画家ハンス・バルドゥング・グリーンは、魔女に関わる多くの図像を残している。一五一〇年のサバトを描いた図像（五八ページ参照）には、数人の裸体の魔女が宴を催している様子が見て取れる。魔女の中には豊満な者もいる。壺から空中に向かって噴き出る煙は嵐や雹を引き起こす天候魔術を意味している。凸面鏡は占い道具であり、針毛か頭髪の束は病を起こす魔術に使う小道具である。

このような人畜に被害をもたらす魔術に関わる情景とともに、大皿に載せられた鶏肉料理らしきものやソーセージが描かれているが、これらは民衆世界のカーニバル的要素である。時代的には後になるが、農民たち民衆の世界を克明に描いたことで知られるブリューゲルの『怠け者の天国』（一五六七年）の鶏肉料理とバルドゥングの描いた料理は似ていないだろうか。魔女は子供の肉を食べるのではなかったのだろうか。ソーセージがカーニバルの山車に用いられたことは、一五八三年のケーニヒスベルクの実例で確認できる。カーニバルでは「聖なる腸詰にかけて！」という誓言も使用された。また、魔女が後ろ向きに山羊に騎乗するモチーフが、シャリヴァリと関係することについてはすでに触れた（五三ページ以下参照）。

一五一四、五年に描かれた四枚の図像の魔女たちも裸体でエロティックな姿態をしている（七四〜七六ページ参照）。空中飛行をするために股間に軟膏を塗っている魔女、尻から汚物らしきものを噴出しているかのような魔女、たくさんのソーセージが架けられている二叉《ふたまた》を股間で挟む二人の魔女。ソーセージ、それに二叉は男根を想起させる。怪物姿の悪魔に尻を向け汚物状のものを排出する魔女もいる。「愚者の祭り」のように、糞尿は祭りの最中に撒き散らされることがあり、カーニバルで重要な役割を果たすことがあった。股覗きをしている魔女の姿も民衆文化と関係している。股の下から覗くことは悪魔を見る方法であったし、頭部と臀部をひっくり返すことは上下の転倒であり、カーニバルの特徴であった。

　一五二三年の図像の二人の魔女は艶めかしい（七七ページ参照）。女性が魔女であることは、足もとにうずくまる山羊の姿とひとりの女性が左手に持つフラスコの中に小さな悪魔が入っていることからわかる。暗雲立ち込める不気味な色合いの背景は、天候魔術が行われていることを示している。

ハンス・バルドゥング・グリーン作『魔女』（1514年）。

　バルドゥングはこの図像以降、死去する前年の一五四四年まで魔女の図像を制作することをぴたりとやめてしまう。シュトラースブルクでも一五二一年以降、宗教改革が本格化したことに伴い、魔女に対する関心が低下したのだろう。また当市は改革派の代表的都市であり、一六世紀中頃までに生活の規律化が進められた。一五二四年には誹謗文書や挿絵等に対して規制をもうける布告が出され、裸体画を描くことが冒瀆的なこととなった。裸体で魔女を描くことに力を注いできたバルドゥングが魔女の図像を描かなくなったことはもっともなことだった。金細工師の同職組合の代表者であり、親類縁者に都市の要職に就く者や皇帝の侍医、大学教授など名士を持ち、最晩年には市参事会員に就任することになるバルドゥングは、宗教改革の進展に歩調を合わせて作品を生み出していく。

　バルドゥングの女性観は一五三〇年頃に制作された図像に集約されている（七八ページ参照）。艶めかしい裸体の女性はイヴである。それは木の背後に立ち、女の腕を握りしめる腐乱死体が右手でリンゴを摑んでいることからわかる。腐乱死体はアダムを、木は「善悪を知る木」を表しているのだ。二人の手元には、悪魔

ハンス・バルドゥング・グリーン作『魔女』（1515年）。

ハンス・バルドゥング・グリーン作『魔女』（1514年）。

ハンス・バルドゥング・グリーン作『魔女』（1514年）。

である蛇がまとわりついている。悪魔にそそのかされ禁断の木の実をアダムに渡した結果、男＝アダムは死の世界へ誘われる。イヴ＝女性の誘惑はその描写の艶めかしさから明らかなように、性的誘惑をも意味している。性的に男性を堕落させる存在として女性がイメージされているのだ。バルドゥングが女性の虚栄心と罪深さをテーマにした「死と女」に関わる図像を数多く描いたことも忘れてはならない。

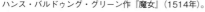

　アダムとイヴの「原罪」のテーマは、中世以来、例外的に絵画で裸体表現を許されていたものだった。バルドゥングは、魔女の図像に込めていた魔女のエロティックな性格と「死と女」における女性の罪深さをイヴに盛り込んだ。魔女とイヴが重ね合わされていたことは、一五二三年の図像の魔女が左手に持つフラスコがリンゴで蓋をされていることから明らかである。

　息を引き取る前年の一五四四年、バルドゥングは二一年ぶりに魔女の図像を制作した（七八ページ参照）。床の上に倒れているのは馬丁である。魔女に魔法をかけられた馬が蹴り倒したという美術史の解釈がある。ここでの魔女イメージの変

ハンス・バルドゥング・グリーン作『魔女』（1523年）。

ハンス・バルドゥング・グリーン作『死と乙女』(1517年)。上部に「汝、ここに入るべし」と記されている。骸骨の指さす先は墓穴である。

ハンス・バルドゥング・グリーン作『イヴ、蛇、死』(1530年頃)。

◀ハンス・バルドゥング・グリーン作『原罪』(1511年)。銘には「人類の罪」とある。イヴは林檎を左手に持ち、アダムはイヴの乳房をつかんでいる。イヴによるアダムの性的誘惑が読み取れる。

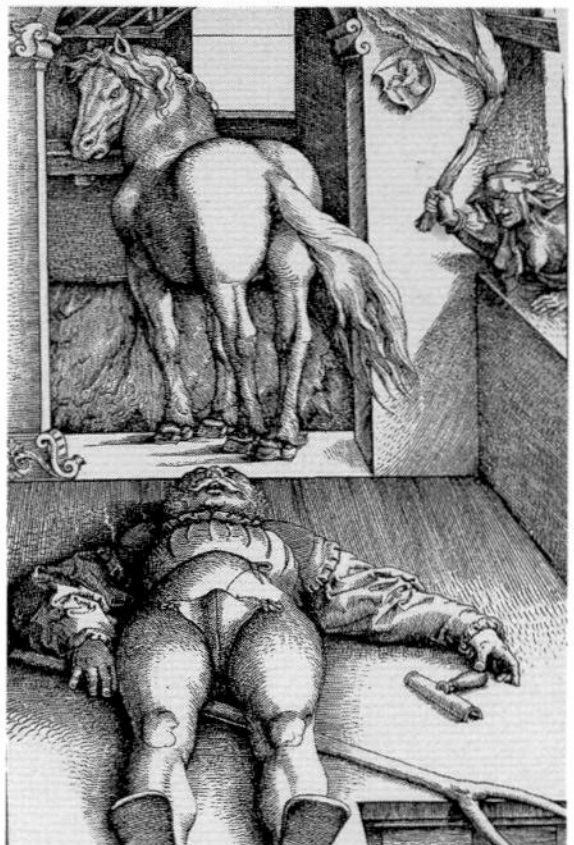

ハンス・バルドゥング・グリーン作『魔法にかけられた馬丁』(1544年)。

貌は著しく、その姿は年老いた農婦を思わせる。都市の上層階層にいるバルドゥングは、下層の貧しい老いた女性を魔女イメージのモデルにしたのだろう。魔女は垂れた乳房を露わにし、性的側面が強調されているが、一五一〇年代から二〇年代に制作された図像の魔女の蠱惑的なエロティックさとは根本的に異なっている。同じ人物が制作したものとは考えられないほどだ。この変化の背景に、一六世紀前半期にシュトラースブルクで起こった宗教改革に伴う規律化の進行、女性の立場の変化、社会階層の分化の先鋭化などの社会的変化を読み取ることができる。

LAPSVS HVMA
NI GENERIS

第四章 魔女の実像

諸地域の魔女狩り

神聖ローマ帝国内での激化

魔女狩りの犠牲者の正確な数値は不明である。ヨーロッパ全土に均等に裁判史料が残っているわけではなく、まだ研究されていない地域もあるからだ。しかしヨーロッパ全土で一四〇〇年から一八〇〇年のあいだに約五万人が何らかの法的手段によって処刑されたとみられる。西欧でも地域によって年代的なばらつきがあるが、一般的傾向として一五六〇年代に魔女狩りは上昇の傾向を見せ始め、一五七〇年から一六三〇年にかけて激化し、一六八〇年代までに徐々に衰退していった。ところが北欧、東欧、そして北米のイギリス植民地では、一七世紀後半以降に激しい魔女狩りの波が訪れている。

犠牲者の約半数は、神聖ローマ帝国領内で生み出されたものである。帝国領内に割拠する数多くの領邦国家が独自に司法権を行使していたことが、帝国全体としての魔女狩りの激化につながった。帝国の西・南部の領邦国家は、東・北部のものより相対的に細分化され小さく、激しい魔女狩りが見られた。対して、広域を支配し政治的・司法的な統合が行われていた国では、魔女狩りは抑制される傾

ヨーロッパにおける魔女狩りの処刑者数と処刑率

国名（現在の境界線による）	処刑者数	人口（1600年頃）	処刑率
トルコ	0	不明	
アイルランド	4	1,000,000	250,000人に1人
ポルトガル	10	1,000,000	10,000に1人
アイスランド	22	50,000	2,273人に1人
クロアチア	30	不明	
リトアニア	50?	不明	
エストニア	65	不明	
フィンランド	115	350,000	3,043人に1人
ラトヴィア	150	不明	
オランダ	200	1,500,000	7,500人に1人
ロシア	300	不明	
スウェーデン	300	800,000	2,667人に1人
スペイン	300	8,100,000	27,000人に1人
リヒテンシュタイン	300	3,000	10人に1人
ノルウェー	350	400,000	1,143人に1人
スロヴェニア	400	不明	
スロヴァキア	400	1,000,000	2,500人に1人
オーストリア	500	2,000,000	4,000人に1人
チェコ	600	1,000,000	1,667人に1人
ハンガリー	800	3,000,000	3,750人に1人
デンマーク	1,000	570,000	570人に1人
イギリス	1,500	7,000,000	4,667人に1人
イタリア	2,500	13,000,000	5,200人に1人
ベルギー／ルクセンブルク	2,500	1,300,000	520人に1人
スイス	4,000	1,000,000	250人に1人
ポーランド	4,000	3,400,000	850人に1人
フランス	5,000	20,000,000	4,000人に1人
ドイツ	25,000	16,000,000	640人に1人
合計	50,346	82,473,000	

※不明な数は算入していない
Behringer（2004）より。

向にあった。しかし東北部でもメクレンブルク公国やポンメルン公国では激しい魔女狩りが行われた。前者では王統が二つに分かれていたことに加え、司法権がまとまっておらず刑事裁判所は各領主が管轄していた。後者も同様で、現在のドイツ地域とポーランド地域に領土は大きく分かれていたのである。

帝国西・南部の魔女狩りの中心地域は、ヴュルツブルク、バンベルク、アイヒシュテット、ヴュルテンベルク、エルヴァンゲンなどを含む地域であった。バイエルン公国は帝国南部に位置し、一時的に激化した時期はあったものの、魔女狩りが低く抑えられた地域だった。ケルン、ヴュルツブルク、マインツ、バンベルク、アイヒシュテット、トリーアなどカトリックを奉じる諸地域で魔女狩りが盛んに行われたことは確かだが、ルター派のメクレンブルク公国やポンメルン公国のような例もある。また反対に魔女狩りを抑

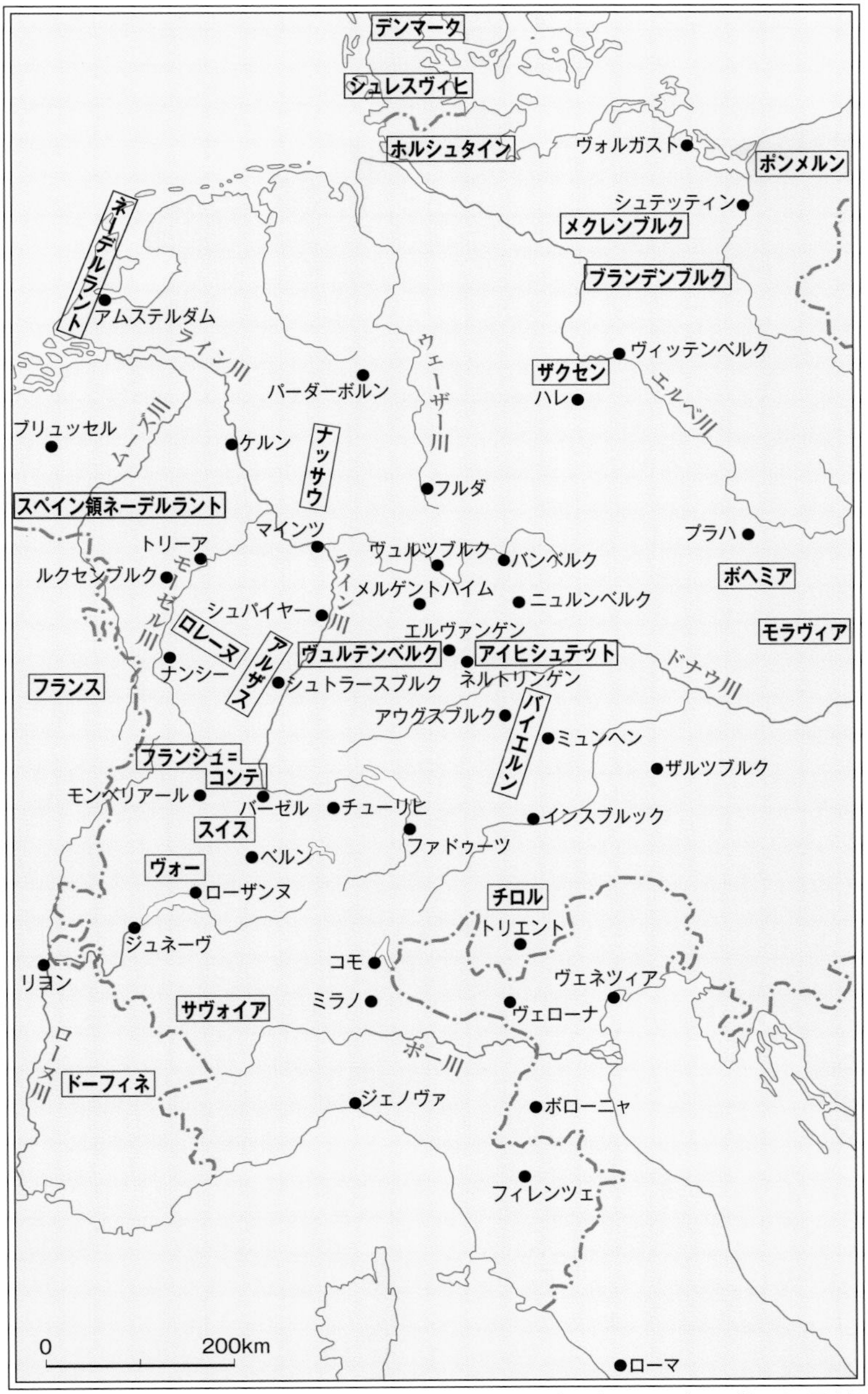

魔女狩りの「中核地域」としての神聖ローマ帝国。16世紀後半以降の神聖ローマ帝国、特にその西南部では激しい魔女狩りが起こった。地図の中央部に見えるヴュルツブルク、バンベルク、アイヒシュテット、ヴュルテンベルク、エルヴァンゲンを含む地域がその中心であった。そしてその南西に位置するスイスの領域、つまりアルプス山脈西方一帯が中世末における魔女狩り発祥の地であったことを思い出しておきたい。地図中の地名については本文を参照。

制したバイエルン公国がカトリックであったということを考えると、魔女狩りと特定の宗派を安易に結びつけることは慎まねばならない。

一五世紀末に神聖ローマ帝国から分離していたスイスでも、激しい魔女狩りが行われた。そもそも大規模な魔女狩りの原初形態が、アルプス山脈西方一帯で生まれたことを思い出す必要がある（三〇ページ参照）。また連邦共和国であったスイスが宗教的・文化的・言語的に統一されておらず、各地域が独自に司法権を行使していたことも魔女狩り激化の一因であった。スイス全体で一四二〇年から一八〇〇年の間に五〇〇〇人の魔女が裁かれ、そのうちの三五〇〇人以上が有罪宣告を受け処刑された。たとえば当時ベルン市の支配下にあったカルヴァン派のヴォー州の魔女狩りはとくに激しかったことで知られ、プロテスタントによる魔女狩りで最悪のものといわれている。一五八一年から一六二〇年のあいだに九一の裁判管区のもとで九七〇人が火刑に処された。このほかカトリックの地域やカ

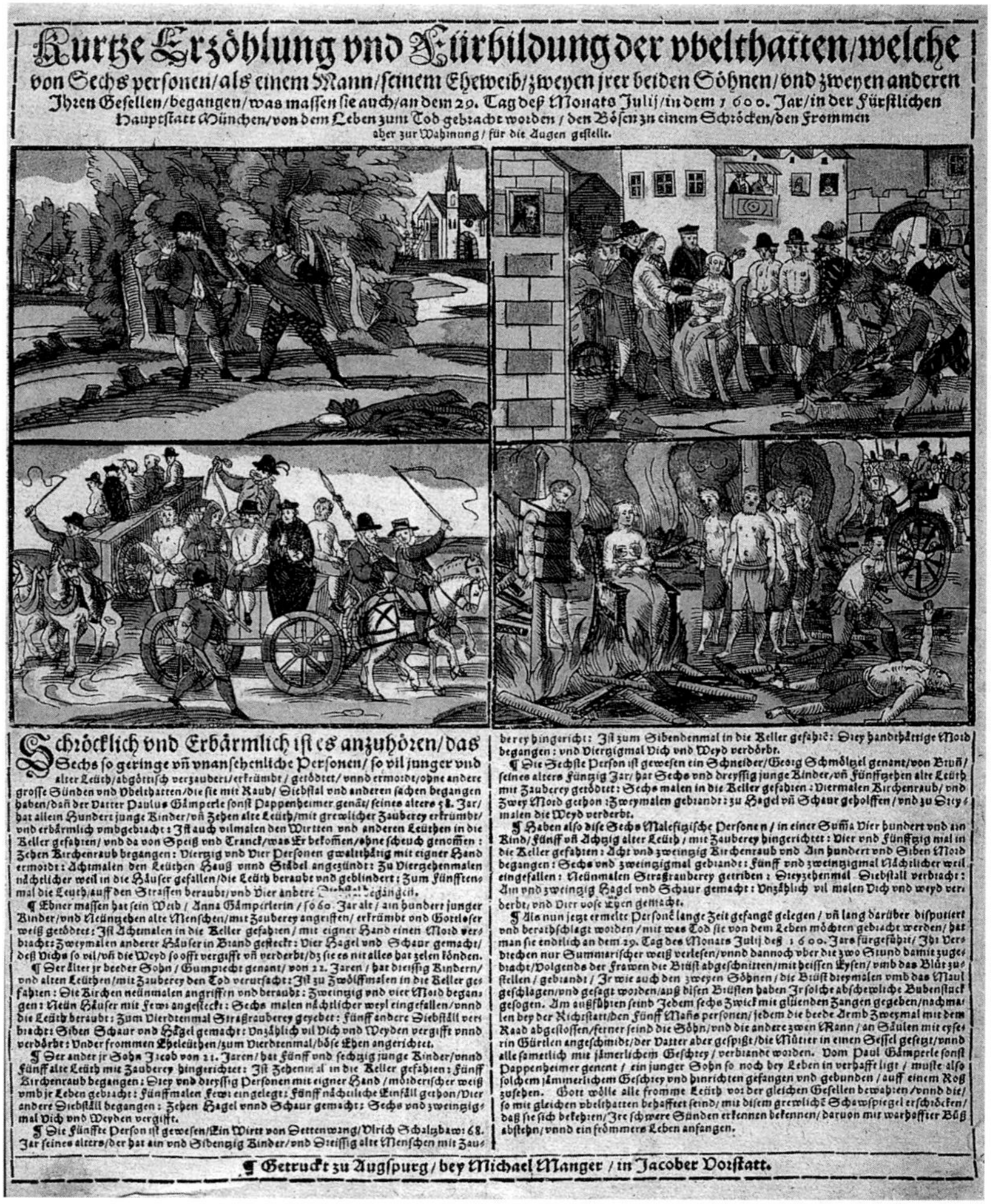

パッペンハイマー魔女裁判（1600年）の様子。

大鍋の周りにいる魔女たち。パウルス・フリシウス著『悪魔のごまかし』（1583年）の表紙。ガイラー・フォン・カイザーズベルク著『蟻』（1517年）の挿絵（50ページ参照）を模倣したものであろう。

バイエルン大公マクシミリアン1世（1573〜1651）の肖像。大公が若いときにパッペンハイマーの魔女裁判が起こった。

トリックとプロテスタントが混在する地域でも、同様に魔女狩りが行われている。

フランス、イングランドの魔女狩り

神聖ローマ帝国、スイス、フランス王国に囲まれた地帯には、帝国領内にありながら、事実上自治的な政治を行っていた地域が存在し、大規模な魔女狩りが行われた。ロレーヌ地方ではロレーヌ公シャルル三世（在位一五四五—一六〇八）治下で、検事総長ニコラ・レミ（一五三〇頃—一六一二）が魔女狩りを行った。レミは著書『悪魔崇拝』（一五九五年）の中で、数値は明らかに誇張だが、過去一五年間に九〇〇人の魔女を火刑に処したことを自慢している。レミはその後も魔女を裁き続け、一六〇六年には息子クロードに職を譲ったが、息子もまたロレーヌ公アンリ二世（在位一六〇八—二四）治下で魔女を裁き続けた。ロレーヌ地方では全体で三〇〇〇件の裁判が行われ、二〇〇〇人が犠牲者となった。これはヨーロッパにおける最大規模の魔女狩りに数え上げられるものである。

ロレーヌ地方の南、フランシュ＝コンテでは、一六〇〇年から一六六〇年にかけて少なくとも八〇〇件の裁判が行われた。その最初期に魔女狩りを扇動したことで有名なのが、サン・クロード大修道院領の大判事アンリ・ボゲである。彼は一五九八年から一六〇九年のあいだに三五人を裁判にかけ二八人を処刑した。ボゲが実体験をもとに著した『魔女論』（一六〇二年）は、魔女裁判手続きを克明に解説した内容だったこともあり好評を博し再版を重ねた。

ルクセンブルク大公国、スペイン領ネーデルラントでも魔女狩りは激しかった。しかしネーデルラント連邦共和国では一五九一年から翌年にかけての魔女の火刑を最後に魔女狩りは行われなかった。その要因として、ヨーロッパの他国を凌ぐ都市化の進展、エラスムスの人文主義の

ニコラ・レミの肖像。

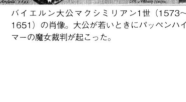

魔女は狼に変身し、人間や家畜に被害を与えると考えられていた。ただ当時の知識人の間でも魔女が人狼に変身できるかどうかについては議論が分かれていた。図版はゲオルグ・クレスによる1591年のちらし。「悪魔と契約したユーリヒの300人の女が狼に変身し、人間・子供・家畜を殺害した。1591年5月6日ユーリヒ近郊のオストミルヒで85人がいかにして処刑されたか」。

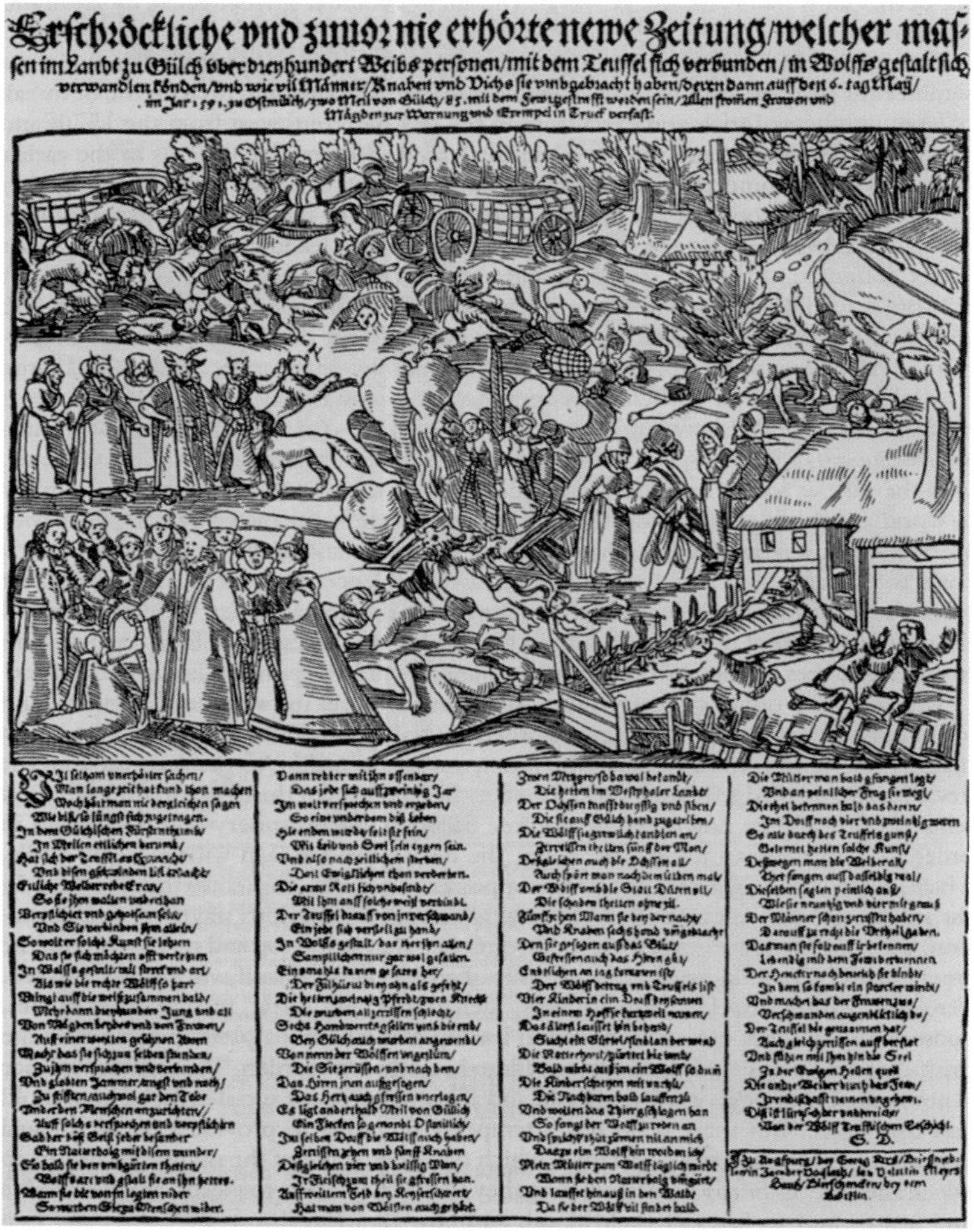

伝統、そして対スペイン独立戦争への没頭が考えられる。

　フランス王国では、北・東部、ラングドック、南西部、ノルマンディーといった周辺地域で激しい魔女狩りが行われた。たとえば王国南西部のフランス・バスク地方に含まれるラブール地方では、一六〇九年にボルドー高等法院の評定官ピエール・ド・ランクルによって激しい魔女狩りが行われた。ド・ランクルは経験をもとに『悪しき天使と悪霊の無節操一覧』（一六一二年）を著した（一六一三年版にはポーランドの画家ヤン・ジアルンコによる魔女のサバトの版画が添付された）。その

1589年、ケルンにおける人狼の処刑。当時のちらしより。

図像は、当時の魔女信仰の具体像を詳しく教えてくれる。また王国内のエクス＝アン＝プロヴァンス（一六一一年）、リール（一六一三年）、ルーダン（一六三四年）、ルーヴィエ（一六四七年）で悪魔憑き事件が起こり、魔女狩りのきっかけとなった。

　イギリス諸島のうちスコットランドでは激しい魔女狩りが見られたが、イングランドでは一六四〇年代のホプキンズによるものを除くと激しいものではなかった。アイルランドでは一三二四年から翌年にかけて起こったアリス・カイトラー夫人の魔女裁判以降、目ぼしい魔女狩りは行われなかった。カイトラーは殺人を含む有害な呪術《マレフィキウム》を行い、夜間に仲間と集まりキリスト教信仰を拒否して悪魔に生贄を捧げた異端の咎で告発された。この裁判はマレフィキウムと悪魔崇拝を行う異端が融合していることに加えて、女性と魔術が関係していることから、近世の魔女狩りの原初形態のひとつと言えるも

「魔女のサバトの描写図」。ピエール・ド・ランクル著『悪しき天使と悪霊の無節操一覧』（1613年版）より。図像中にアルファベット順にAからMまで（Jは除く）記されており、それぞれに説明文が付けられている。悪魔崇拝、幼児の生贄、空中飛行、ダンス、食人行為など典型的な魔女の諸行為が詳細に描かれている。

ジャック・デ・ヘイン（子）作『アーチ型丸天井の場所で作業をする魔女たち』（1604年）。床上に解体された男性の姿が見える。

フランス・フランケン（子）作『ブロックスベルクへの旅の準備をする魔女たち』（1610年頃）。

ジャック・デ・ヘイン（子）作『魔女のサバト』（制作年不詳、16世紀末/17世紀初め？）。

のである。

イングランドでは魔女の多くが火刑ではなく、絞首刑によって処刑されたが、これは魔女の罪がほかの普通の重罪と等しく扱われていたことを示している。また一五六三年に公布された魔術法令は、魔術によって人間を殺傷した場合にのみ死罪を課した。さらにイングランドではサバトが裁判においてほとんど問題にならなかった。魔女が大勢で集まり、悪魔崇拝・食人・乱交を繰り広げるサバト概念が定着しなかったため、ひとりの被告がサバトの参加者を供述することによって芋づる式に被告魔女の数が増えるということもなかった。イングランドの魔女の罪状で重要視されたのは、人畜・穀物に損害を与えるマレフィキウムであった。ヨーロッパ大陸の魔女狩りで重要視され

ジャック・デ・ヘイン（子）作『魔女のサバトへ行く準備』（制作年不詳、16世紀末/17世紀初め？）。飛行用の軟膏を作っている様子。右の魔女は足に軟膏を塗っている。

EFFIGIE DE LA CONDEMNATION DE MORT
& execution d'Vrbain Grandier, Curé de l'Eglise S. Pierre du Marché de Loudun, atteint & conuaincu de Magie, sortileges & malefic[es], lequel a esté bruslé vif en ladite ville.

CE qui s'est passé dans la ville de Loudun par les malefices des Demons, possedans plusieurs Religieuses Vrsulines innocentes, a fait estonner les esprits les plus asseurez, & ceux qui ont assisté aux Exorcismes ont veu des choses surnaturelles, qui seroient trop longues à reciter, & en fin l'execution de Grandier Magicien. Cette effigie representera veritablement tout ce qui s'est fait touchant sa iuste condemnation, & contentera le desir de ceux qui n'ont peu estre presents à cette punition exemplaire: Apres qu'ils auront sceu qu'Vrbain Grandier accusé, estoit natif du pays du Mayne, & faisoit profession de Magicien depuis enuiron neuf ans qu'il auoit esté receu en cette abominable charge par Asmodée Demon, lequel l'auoit marqué en diuerses places de ses marques, lesquelles finalement ont esté descouuertes & recogneues telles. Auparauant sa reception ... iouyr des plus belles Damoiselles ... au Chapeau rouge, ayant esté bruslé vif ... si promis trois choses au diable: De renoncer à Dieu, & à tous les Saincts, Cresme, & Baptesme, de ne consacrer iamais, & de n'auoir intention d'administrer aucun Sacrement, ce qu'il fit, ayant signé ses promesses de son propre sang: Mais comme iceluy Grandier voulut esprouuer si les promesses faites par le Diable auroient quelque effect sur les Religieuses Vrsulines dudit Loudun, & quelques autres filles particulieres, lesquelles il vouloit forcer à mal-faire, & voyant qu'il ne pouuoit venir à bout de ses desseins, il resolut d'vser enuers elles de malefices & sortileges, les faisant posseder par plusieurs diables, & entr'autres Belzebuth, Asmodée, & Leuiathan; ce qui demeura inconneu l'espace de deux ans, & iusques à tant que Monseigneur l'Euesque de Poictiers prenant vn soin particulier de ses filles, establit le R. Pere Lactance Recolet pour les exorciser, lequel assisté des Reuerends Peres Capucins, Iesuites, & de l'Oratoire, de plusieurs Prelats, & de trente tant Chirurgiens que Medecins, reconneurent leur possession veritable, & par vertu des Exorcismes contraignirent les Demons à deduire la verité du fait, lesquels adiurez apres auoir descouuert les places ausquelles iceluy Grandier auoit esté par eux marqué, ils le declarerent Magicien, & seul autheur de ces malefices, luy ayant soutenu plusieurs fois en presence des Sieurs Commissaires deputez, & autres personnes de qualité, que par ses sortileges & arts Magiques ces filles innocentes estoient par eux possedées, & qu'il les tenoit liez dans leurs corps. Sa Majesté ayant eu aduis de ce que dessus, deputa Monsieur de Laubardemont Conseiller en ses Conseils, auec quatorze Iuges grands Iusticiers pour l'instruction du procés d'iceluy Grandier, lequel apres plusieurs interrogatoires ayant reconneu partie de ses sortileges & malefices, & confessé entr'autres choses que le liure contre le Celibat des Prestres, trouué en son logis, auoit esté par luy composé & escrit de sa main propre; fut declaré atteint & conuaincu de tous ces crimes, & par Arrest du 18. Aoust 1634. condemné à estre bruslé vif, auec son liure & les cendres iettées au vent. Voila la fin miserable & ignominieuse de ce malheureux, lequel abusant des graces de son Dieu, & l'ayant renoncé s'est laissé emporter à des crimes tant horribles, par l'aide des Diables ausquels il auoit fait promesse, se donnant du tout à eux, & perseuerant en ses impietez a reconneu que Dieu ne laisse rien d'impuny, & que tost ou tard les meschans, lors qu'ils y pensent le moins, sont punis des meschancetez qu'ils commettent tous les iours contre sa diuine bonté, & misericorde infinie.

Chanson nouuelle, Sur la mort deplorable d'Vrbain Grandier Curé de Loudun, lequel pour ses malefices a esté bruslé vif & ses cendres iettées au vent. Sur le chant, *Mon Dieu mon pere & mon Sauueur.*

COntemplons tous à cette fois
Les merueilles du Roi des Rois
Qui fait cõnoistre en toutes places
Les forfaits, crimes & fallaces
Des meschans qui par grãd messait
Le vont offençant sans respect.
Dans Loudun il est arriué
Qu'vn meschant s'est tant oublié
De commettre vn faict execrable,
Et sortilege abominable:
Sur des filles de pieté
Pour auoir leur virginité.
Ce malheureux fit vn complot
Auec le demon Astarot,
Luy donnant son corps & son ame
Pour iouyr des plus belles Dames,
Et filles qui dedans ce lieu
Viuoient en la crainte de Dieu.

Le demon rusé & meschant,
De ses volontez à l'instant,
Luy promit toute iouyssance,
Et que par sa grande eloquence
Il deuiendroit le plus sçauant
De sa ville, & le mieux disant.
Leur pacte ensemblemẽt ont fait,
Et pour augmenter son forfait,
Il renonça Cresme & Baptesme
Et tost apres la face blesme,
Iura de ne iamais prier
Son Dieu, ny ses Saincts reclamer.
Vn chapeau rouge par honneur
Luy promit aussi ce menteur,
Tost apres par ses artifices,
Sortileges & malefices,
Il fit neuf filles posseder
Et par les demons tourmenter.

Ce mal'heureux estoit si fin
Que iour & nuict soir & matin,
Consultoit si bien ses affaires
Auec ses Demons ordinaires,
Faisant tout si secrettement
Qu'on ne s'en doutoit nullement.
A la fin pourtant Dieu permit
Que tout le fait se descouurit,
En reconnoissant sa Magie
Et crimes commis en sa vie,
Desquels il se vit accusé,
Et tost apres emprisonné.
Les tesmoins sont interrogez,
Et pardeuant luy confrontez,
Mesmement les Religieuses
Faisant choses prodigieuses,
En fin luy firent confesser
Qu'il les auoit fait posseder.

Belzebut, Verrine, Astarot,
Descouurirent tout leur complot,
Sa Magie & ses sacrileges,
Ses malefices & sortileges,
Leurs caracteres mesmement
Apparurent visiblement.
Par equitable iugement
Il fut condemné à l'instant,
Qu'il feroit amande honorable
Pour ses sacrileges execrables,
Et qu'il crieroit à Dieu mercy
Au Roy, & à Iustice aussi.
Par apres sur vn haut busché
Seroit en la place attaché,
Pour estre bruslé vif à l'heure,
Ses liures, & pactes sans demeure,
Et les cendres iettées au vent,
Voila la fin de ce meschant.

Or prions Dieu que desormais
Il nous preserue des mauuais,
De tous Magiciens & Sorcieres
Et qu'il les reduise en poussiere,
Nous deliurant de tous leurs maux
Qui nous donnent mille trauaux.

F I N.

Et se vend à Paris,
Chez IEAN DE LA NOÜE,
Graueur, demeurant à la Place
Maubert au trois Faucilles.
1634.

ルーダンの悪魔憑き事件で有罪とされたユルバン・グランディエの火刑。グランディエは、悪魔と契約し、ウルスラ会修道女を誘惑、悪魔憑きを引き起こした。図像右上には裸の修道女が見える。左の家の中では女子修道院長と思われるジャンヌ・デ・サンジュが悪魔祓いを受けている。グランディエは、1634年8月18日処刑された。

たサバト像に近いものがイングランドで初めて史料上見出せるのは、一六一二年のランカシャーの魔女裁判においてである。

ヨーロッパ各地の動き

イタリア、そしてイベリア半島の二国スペインとポルトガル（一五八〇年から一六四〇年のあいだはスペインの支配下にあった）では魔女狩りは比較的抑制されていた。ただしイタリアは近世においては統一された国家ではなく、法的に大きく三つの地域に分かれており、なかには魔女狩りがある程度見られた所もあった。イタリア半島南部のナポリ王国、シチリア王国、サルディニア王国はスペインの異端審問所が管轄し、多くの裁判が行われたものの処刑は少なかった。一方、神聖ローマ帝国に近い半島北部では若干の裁判と処刑が行われた。教皇領を中心とする半島の残りの地域の多くはローマの異端審問の管轄下にあり、裁判・処刑ともに抑制されていた。

南欧の魔女狩りの意外性は、異端審問所が活動していたにもかかわらず、魔女狩りが抑制されていたことである。イタリア、スペインの異端審問所は、魔法や

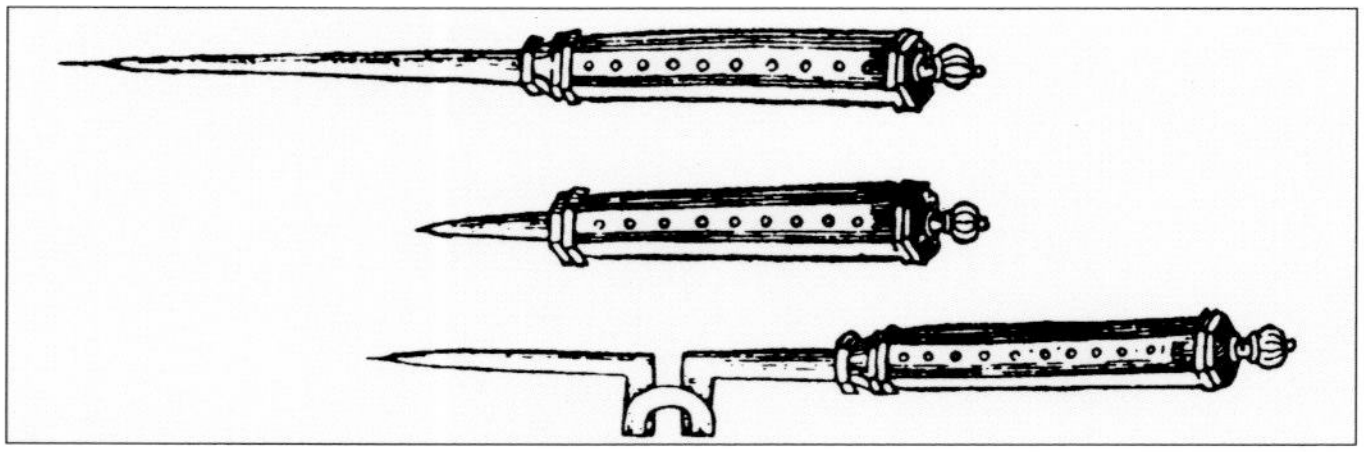

「魔女刺し具」（魔女の錐）。魔女の印は刺しても無痛だと言われていたので、このような道具が魔女発見のために使用された。身体に当てると針の部分は柄の部分に引っ込むようになっている。ホプキンズはこのような道具を使用して魔女を見つけ出した。

３人の魔女が絞首刑にされている。椅子に座る魔女の周りには、使い魔が描かれている。『チェルムスフォードにおける３人の悪名高き魔女どもの逮捕と自白』（1589年）の挿絵より。

予言などの各種呪術を「迷信」として裁くことには熱心であったが、集団で悪魔崇拝を行う魔女を裁くことには消極的だった。フランス・バスク地方でド・ランクルが魔女狩りを行っていたのと同じ頃、隣り合うスペイン・バスク地方では異端審問官アロンソ・デ・サラサール・フリアスが綿密な調査を行い、告発はすべて捏造《ねつぞう》であり、投獄されている容疑者は即釈放しなければならないと結論づけた。ただイタリア、スペインにおける世俗裁判所による魔女狩りの実態はいまだ十分に解明されておらず、実際の犠牲者の数は多くなる可能性がある。

ハンス・ヴァイディッツ作『天候魔術を行う魔女』（1530年頃）。糸巻き棒と紡錘を握り、魔術を行っている。空からは雹のようなものが降り注いでいる。

　東欧の魔女狩りは西欧よりも時期的に遅れてピークを迎え、地理的に神聖ローマ帝国に近い地域で激しかった。とくにポーランド王国での魔女狩りは激しく、一五七〇年代から見られたが、一六五〇年から七〇年にかけてピークを迎えた。とりわけ王国西半部で激しく、神聖ローマ帝国の魔女狩りの影響を推測させる。たとえばベルリン北東約一〇〇キロメートル辺りのポンメルン＝シュテッティンでは六〇〇人の犠牲者を数えた。激化の理由は、一六世紀末にドイツ地域から悪魔との契約概念やサバトに代表される悪魔学理論が入ってきたこと、地元の裁判所が独自に司法権をふるったこと、拷問の無制限な使用が認められたことが考えられる。プロイセン公国でも魔女狩りは見られた。

　大なり小なりイスラームのオスマン・トルコの影響下にあったハンガリー王国、トランシルヴァニア公国、モルダヴィア公国、ワラキア公国でも魔女狩りは起こったが、抑制されていた。しかしポーランドと同様、神聖ローマ帝国に近いハンガリーでは最も激しかった。一七二八年から翌年にかけてセゲドで起こった最大規模の魔女狩りで、三四人の魔女が処刑されている。最初、告発内容は嵐を起こしてブドウ畑を損壊したことであったが、次第に悪魔との契約、サバトへの出席、悪魔から印を受けたこと（ハンガリーでは通常、鶏の足の形状であった）といった悪魔学的なものに変わっていった。

　北欧の魔女狩りは全体的に抑制されていた。その理由としては、イングランドと同様、悪魔学理論が十分な形で受容されなかったことや自白を得るため拷問を使用することに積極的ではなかったことが挙げられる。しかしデンマーク王国のように、時と場合によって激しい魔女狩りが起こった地域もあった。デンマーク王国では魔女狩りは一五四〇年代に始まり、一五七〇年代に再発、一五七五年に

ミヒャエル・ヘル作『ヴァルプルギスの夜』（1650年頃）。この頃までに、ドイツでは魔女のサバトは、ヴァルプルギスの夜（４月30日から５月１日にかけての夜）にブロッケン山で行われるというイメージが流布していた。

ヤン・ロイカ作『魔女の火刑』（1685年）。魔女の死骸は灰になるまで焼かれ、灰は風に飛ばされるか、水に流されるか、いずれにせよ痕跡を残さないように処理された。

はプロテスタント神学者ニールス・ヘミングスンがデンマークで初めての悪魔学論文「迷信的な魔術師の欺瞞についての警告」を著している。魔女狩りは一五九〇年にも再発し、一六〇〇年以降も地方によって激しい魔女狩りが見られた。当時デンマークに支配されていたノルウェーでも、若干の魔女狩りが見られた。

現在のフィンランドの地域も合併していたスウェーデン王国では、一七世紀後半になって魔女狩りが盛んになった。一六六八年に始まったダーラナ地方の魔女狩りは、一五歳の少年の告発から始まり、七六年までのあいだに大勢の子供を含む二〇〇人以上が処刑された。告発された子供たちは、神秘的な広大な草地「ブロクッラ」（〝青い山〟の意味）で行われるサバトについて供述した。そこでは宴会、ダンス、悪魔との性交が行われ、すべての魔女が悪魔から洗礼を受け、悪魔の名簿帳に書き込まれるのだった。ダーラナの魔女狩りについては、その報告書がオランダ語、英語、ドイツ語に訳され、西欧で広く知られることとなった。

ジャック・デ・ヘイン（子）作『魔女の台所』（17世紀初め）。

1692年8月5日に行われたセイレム村のジョージ・ジェイコブズの魔女裁判の様子。T・H・マティスン作（1855年）。

ロシアでも魔女狩りはあったが小規模であった。その理由として、カトリック教会が発達させた悪魔学理論と同様のものをギリシア正教会が発達させなかったことが挙げられる。ロシアにおいて問題になった魔女の行為は、マレフィキウムであった。魔女狩り増加の転機は一六世紀中頃のことだった。一五五一年、ギリシア正教の教会会議はロシア皇帝イヴァン四世（雷帝・在位一五四七—八四）に魔術の罪は死罪に処すことを求めた。ただこれは魔術を前キリスト教的な迷信とみなす立場からの要望であった。一方、イヴァン四世は独裁体制を進展させるため、政治的敵対者を排除するのに魔術告発を利用した。イヴァン四世亡き後、ロマノフ王朝が起こるまで、つまり一六世紀末から一七世紀はじめにかけてロシアは政治上の混乱、天候不順、飢饉などに襲われる社会不安の時期を迎えたが、魔女狩りもこの時期に激化した。

北アメリカのイギリス植民地では一七世紀後半に激しい魔女狩りが起こった。旧大陸からの植民者が悪魔学理論を新大陸に持ち込んだことがひとつの原因である。一六六二年から六五年にかけてコネティカット州のハートフォードで起こった魔女狩りでは、一三人が魔術の咎で告発され、そのうち四人が有罪宣告を受けて処刑された。また一六九二年から翌年にかけてマサチューセッツ州のセイレム村では一八五人が告発され、二七人が有罪宣告を受け、一九人が処刑された。

魔女狩りが起こったすべての地域を網羅的に取り上げたわけではないが、以上からわかるように、一六世紀から一七世紀にかけてそれぞれの地域の事情に応じて魔女狩りは起こった。魔女狩りとは、何らかのかたちでヨーロッパ・キリスト教文化の影響下にある地域で、近世という時代に集中して起こった、すぐれて文化的・宗教的・時代的に特異な社会現象だったのである。

魔女の具体像

様々な魔女の姿

魔女とは具体的にどのような存在だったのか。ここでは現実と想像の世界にたゆたう魔女の姿をいくつか見ることにしたい。

ジャン・ボダンの肖像。

ジャン・ボダンは『魔術師の悪魔狂』（一五八〇年）で次のように語っている。

「コンピエーニュ近郊のヴェルベリ生まれのジャンヌ・アルイエは数人の人間と数匹の家畜を殺した咎で告発された。……彼女は次のように自白した。一二歳のときに母親が彼女を悪魔に捧げた。……そのとき以来、彼女は神を否定し悪魔に奉仕することを約束した。彼女は悪魔と肉の交わりを持ち、それを一二歳から五〇歳頃まで続けた。……悪魔が彼女のために準備した毒粉末を撒布して殺人を犯した。……彼女は軟膏を使用した後、魔女どもの集まりに悪魔によって運ばれた。……集会では、高座にいるベルゼブブと呼ばれている三〇歳頃の黒衣を身にまとった男を崇拝している大勢の人々を目撃した」。

いずれも悪魔学理論にもとづいた典型的な魔女の諸行為である。少女時代に魔女の一味になったアルイエは、「老女」になるまで魔女であり続けた。一六、一七世紀において四〇歳以上は老年期とみなされていたのである。

イングランド、エセックス州のチェルムスフォードのセント・オシス村で一五八二年に起こった魔女狩りでは、一三人が魔女として裁かれ、うち二人が処刑された。その記録は同年パンフレットの形式で『真実にして正確な記録』として公にされた。以下はそこに記されている魔女の姿である。

「セント・オシスのエリザベス・ユースタス、五三歳は、ロバート・サヌウェットに魔術をかけて、激しく殴打しないと元通りにならないほど唇を捩じれさせた。また三年前に兄弟クロスを殺害し、元気で体調が良く、身籠っていたその妻に魔

魔女のサバトと火刑。『ヴィッキアーナ』(16世紀後半)より。

魔女のサバトの様子。『ヴィッキアーナ』(16世紀後半)より。

魔女と使い魔。『忌まわしく恐るべき行為の奇妙かつ真実の物語』（1579年）より。

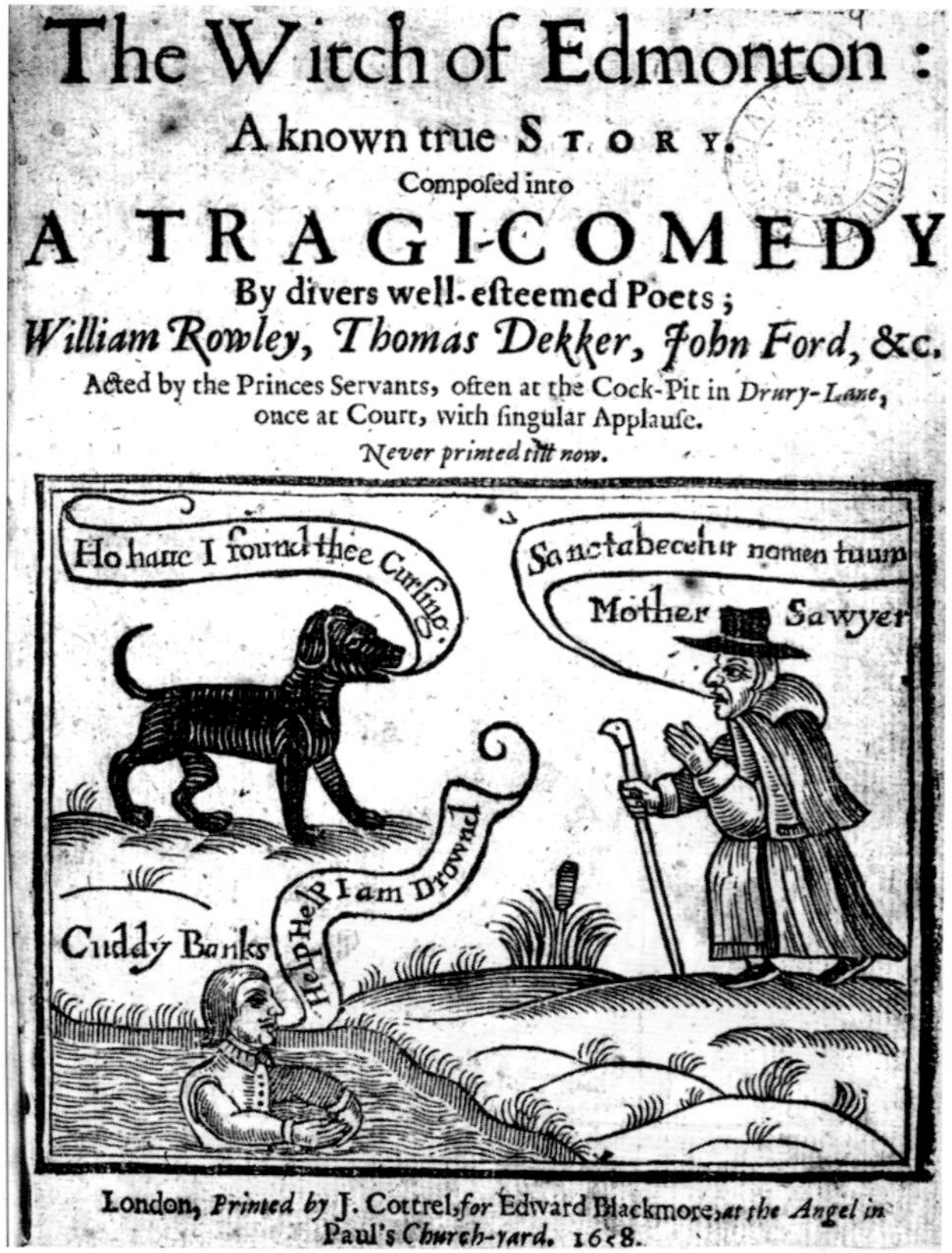

The Witch of Edmonton:
A known true STORY.
Composed into
A TRAGI-COMEDY
By divers well-esteemed Poets;
William Rowley, Thomas Dekker, John Ford, &c.
Acted by the Princes Servants, often at the Cock-Pit in Drury-Lane, once at Court, with singular Applause.
Never printed till now.

Ho have I found thee Cursing
Sanctabecetur nomen tuum
Mother Sawyer
Help Help I am Drowned
Cuddy Banks

London, Printed by J. Cottrel, for Edward Blackmore, at the Angel in Paul's Church-yard. 1658.

『エドモントンの魔女』（1658年）表紙絵より。

『真実にして正確な記録』（1582年）表紙。

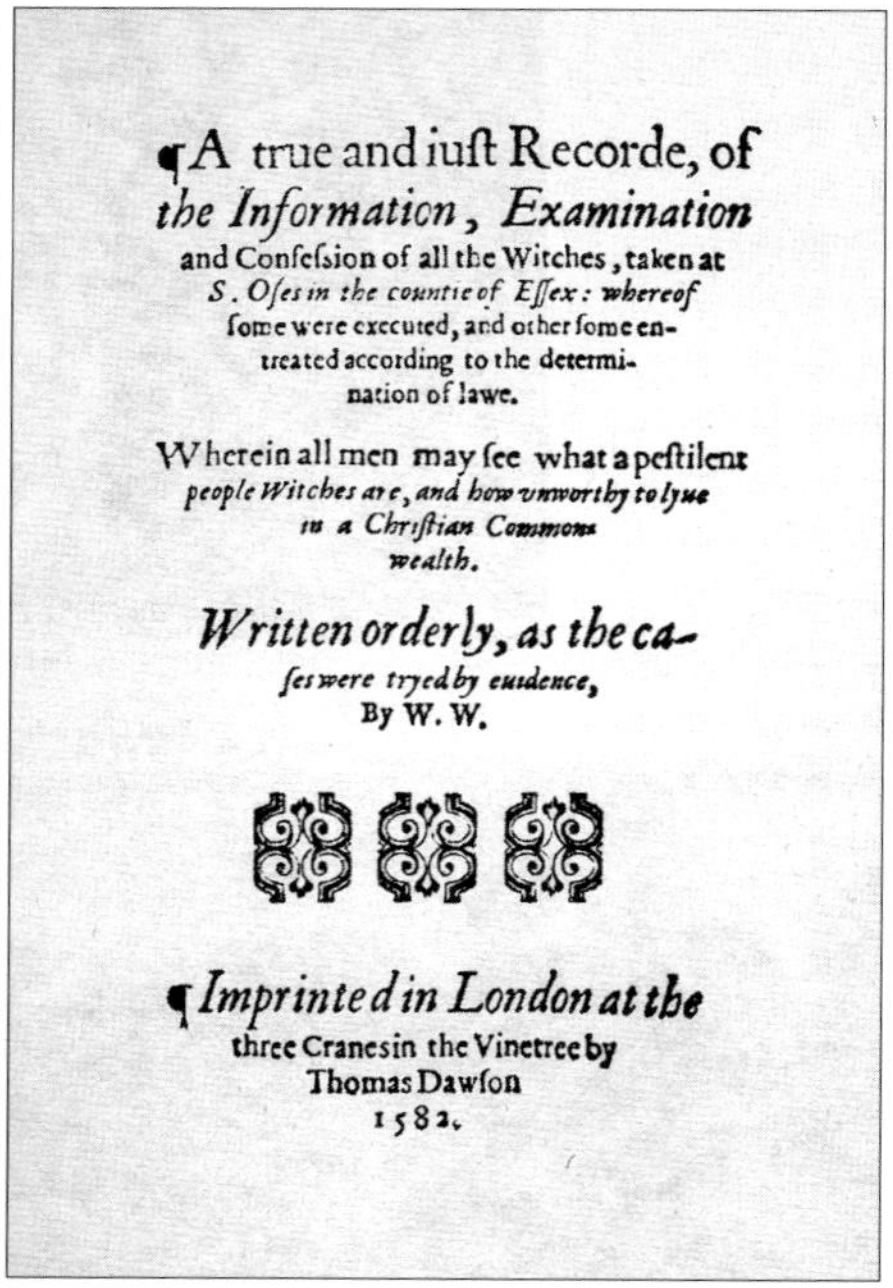

¶A true and iust Recorde, of the Information, Examination and Confession of all the Witches, taken at S. Oses in the countie of Essex: whereof some were executed, and other some entreated according to the determination of lawe.

Wherein all men may see what a pestilent people Witches are, and how unworthy to lyue in a Christian Commonwealth.

Written orderly, as the cases were tryed by euidence, By W. W.

¶Imprinted in London at the three Cranes in the Vinetree by Thomas Dawson 1582.

悪魔の姿をした犬。『チェンスフォードの魔女どもの尋問と自白』（1566年）より。

術をかけた。そのため彼女は得体の知れない病に罹り、赤ん坊は誕生後すぐに死んだ。また雌牛に乳ではなく血を出させた。……彼女はこれらすべてを告発者たちの面前で否定した。身体検査すると魔女の印は見つからなかったので、絞首台ではなく牢獄に送られた」。

「ソープの未亡人アリス・マンフィールド、六三歳は、約一二年前、マーガレット・グレーヴェルから黒猫に似た、ロビン、ジャック、ウィリアム、プペットという名の四匹の使い魔をもらったと自白した。……ジャックはロバート・チェストンの足の親指を病で冒し死にいたらしめた。この使い魔は仕事の後、マーガレットの血を吸い、ビールとパンを受け取った」。

こちらは、イングランド特有の魔女信仰である「使い魔」の記述である（バスク地方にも類似の信仰はある）。

魔女と貧困

近世における経済状況の悪化と貧富の差の拡大に関わる魔女告発を窺わせる記述も多く残っている。ニコラ・レミは『悪魔崇拝』（一五九五年）で次のような例を挙げている。ラスニエという名の魔女は、「ナンシーの家々を巡って物乞いすることを習慣としていた。老齢と体の弱さのために有力市民の憐れみを大層掻き立てたので、彼女は彼らから多くの施し物を受け取り、かなり快適な生活を送ることができた」。しかし「ある日、彼女はいつものように副市長の戸口で執拗に施し物を求めたが、そのとき、折悪しく副市長の長男が出てきて、使用人が忙しいので日を改めて出なおすよう言った。彼女はこれに対して激怒し、すべての魔女がするように、即座に彼に対して呪いの言葉を吐いた。すぐに、まるで彼は石に足を打ちつけたかのような激痛に襲われ、あまりの痛さにすぐ家の中に担ぎ込まれ

『魔女の極めて確かで奇妙かつ真実の発見』（1643年）表紙。

魔女と使い魔（1621年の手書き写本より）。

ブリューゲル（父）作『鳥罠のある冬景色』（1565年）。ブリューゲルは冬景色を多く描いている。この絵が制作された頃、ヨーロッパの気候は寒冷化していた。

ジャック・カロ作『隻眼《せきがん》の女乞食』。25枚のエッチングから成る『乞食たち』（1622〜23年）のうちの一枚。

ハンス・ショイフェライン作『悪魔的魔術としての呪術的妖術的諸実践』、ウルリヒ・テングラー著『新・平信徒心得書』（1511年）より。様々な魔術的行為が描かれている。中央には悪魔召喚を行う魔術師、その上は手相占いの様子だと思われる。上から時計回りに、山羊に乗って空中飛行する魔女、悪魔と抱き合う魔女、牛乳盗みの魔術を行う魔女、魔女に魔術の矢を射かけられて足を不自由にした男性（左斜め上の対角線上に矢を撃つ魔女が描かれている）、火あぶりになる魔女、火刑の左横にいる２人は、ネルトリンゲンの市書記官やヘーヒシュテットの代官を務めた著者テングラーとインゴールシュタット大学教会法教授であった息子クリストフである。そして壺に蛇を入れ、天候魔術を起こしている魔女が描かれている。

なければならなかった」。

　魔術によって人畜に被害をもたらすことと並んで、天候に影響を与えて収穫物に損害を与えることも典型的な魔女像のひとつであった。魔女狩りの波が気候史上の「小氷期」と対応していることを見落としてはならない。一五六〇年代、一五八〇年代、一六〇〇年頃、一六二〇年代後半には異常気象が頻繁に見られた。その結果、収穫物が損害を受け、飢饉が起こるなど社会不安がもたらされ魔女狩りにつながったと考えられる。たとえば一五八二年八月、猛烈な嵐の影響で穀物とブドウの木が多大な損害を受け、これに続いて魔女狩りが起こった。ヘッセン方伯領では一〇人の女性、ブライスガウのある小村では三八人の女性、アルザス地方のテュルクハイムでは四二人の女性と一人の男性、モンベリアールでは四四人の女性と三人の男性が天候魔術を行った咎で有罪宣告され、一〇月二四日に処刑された。

　フランケン地方のツァイル市長ヨーハン・ラングハウスは次のような記述を残している。

「一六二六年五月二七日、全フランケン地方のブドウの木が、貴重な麦ともども霜によって損害を受けた。……このようなことが起こった記憶はこれまでになく、物価が急激に上昇した。……下層民のあいだで悲痛な嘆願と物乞いが始まった。なぜ当局は妖術師と魔女どもが穀物を損壊するがままにしているのか。殿下はこのような悪を処罰するよう注意を促され、この年魔女迫害が始まったのである」。

　気候史で「夏のない年」と言われる一六二八年を含む一六二〇年代末は小氷期の中でも最も厳しい時期にあたり、ヨーロッパ全体で最も激しい魔女狩りが起こった時期でもあった。

広がる迫害の対象

　魔女として裁かれたのは一般的に女性だったが、時と場合によって男性や子供も裁かれた。とくに魔女狩りが激しく大規模になってくると、貧しい老女だけでなく、若い女性、富裕な男性、子供も、魔女とみなされ迫害の対象になった。たとえばトリーア選帝侯領の魔女狩りでは、法学博士で裁判官やトリーア大学法学部長、市の要職を歴任したディートリヒ・フラーデが、魔女のサバトに統括者として参加し、選帝侯の病気を引き起こしたとして、一五八九年九月一八日に火刑に処された。フラーデは富裕層であり、処刑後その財産は司教によって没収された。

　また北欧では男性が処罰されることが多かったが、それはこれらの地域では、魔女と同一視されたシャーマニズム的民間信仰の担い手、言わば呪術師的存在が男性だったからである。たとえばアイスランドでは有罪宣告者の九割、エストニアでは六割、フィンランドでは五割が男

トリーア市全景（1646年）。

16世紀の南仏における気候変動

非常に厳しい寒さ｜厳しい寒さ｜寒冷期｜0°｜温暖｜非常に温暖

1490		
	1491	厳冬の２カ月。オリーブの木凍結
	1494	(12月) ジェノヴァ港、クリスマスの凍結
	1495	(２月) 非常に温暖
1500		
	1505	冬中非常に温暖。１月にバラが咲く
	1506	非常に厳しい寒さ。１月13日以降数日間、マルセイユで海が凍る
1510		
	1517	１月15、16、17日、ヴァランス市街に約１メートルの雪
	1518	３月23日、ベズィエに約10センチの雪
1520		クリスマス前、非常に温暖。１月15日以降、非常に厳しい寒さ
	1523	オリーブの木、被害を受ける
		11月17～20日まで凍結
	1527	３月25日、寒く、凍結
1530		
1540		モンペリエで雪。３月23日、葡萄の木に霜。葡萄の木が失われる
	1543	12月20日、大降雪。葡萄の木（株）凍る
1550		
	1552	温暖
	1556	12月４日、ローヌ川アルル付近で凍結
1560		
	1565	12月～1566年１月、非常に厳しい寒さ。ローヌ川アルル付近で３回凍結
	1568	あるいは1569年か？　温暖
	1569	12月、ローヌ川凍結。３月23日、ミストラル
1570		１月、厳しい寒さか？
	1571	１、２月、非常に厳しい寒さ。ローヌ川凍結
	1572	厳しい寒さ。オリーブの木凍結
	1573	11月～1574年１月初め、厳しい寒さ。ローヌ川凍結
1580		
	1581	12月末、厳しい寒さ。雪
	1583	３月13日、雪
	1584	オリーブの木凍結か？
	1587	厳しい寒さ。雪。オリーブの木凍結
1590		ローヌ川凍結
	1591	長く厳しい寒さ
	1595	海、ローヌ川、オリーブの木凍結
	1597	３月９日、50センチの雪
	1598	１月18日、凍結
1600		11月（？）、1601年１月、３月、厳しい寒さ。オリーブの木凍結
	1603	２月、厳しい寒さ。ローヌ川凍結
	1608	非常に厳しい寒さ
1610		

16世紀の南仏における気候変動。魔女狩りが激化し始めた16世紀後半、厳しい冬が度々訪れたことがわかる。ル＝ロワ＝ラデュリ（2000年）より。ただし、表記を統一するため若干記述法を変えたところがある。

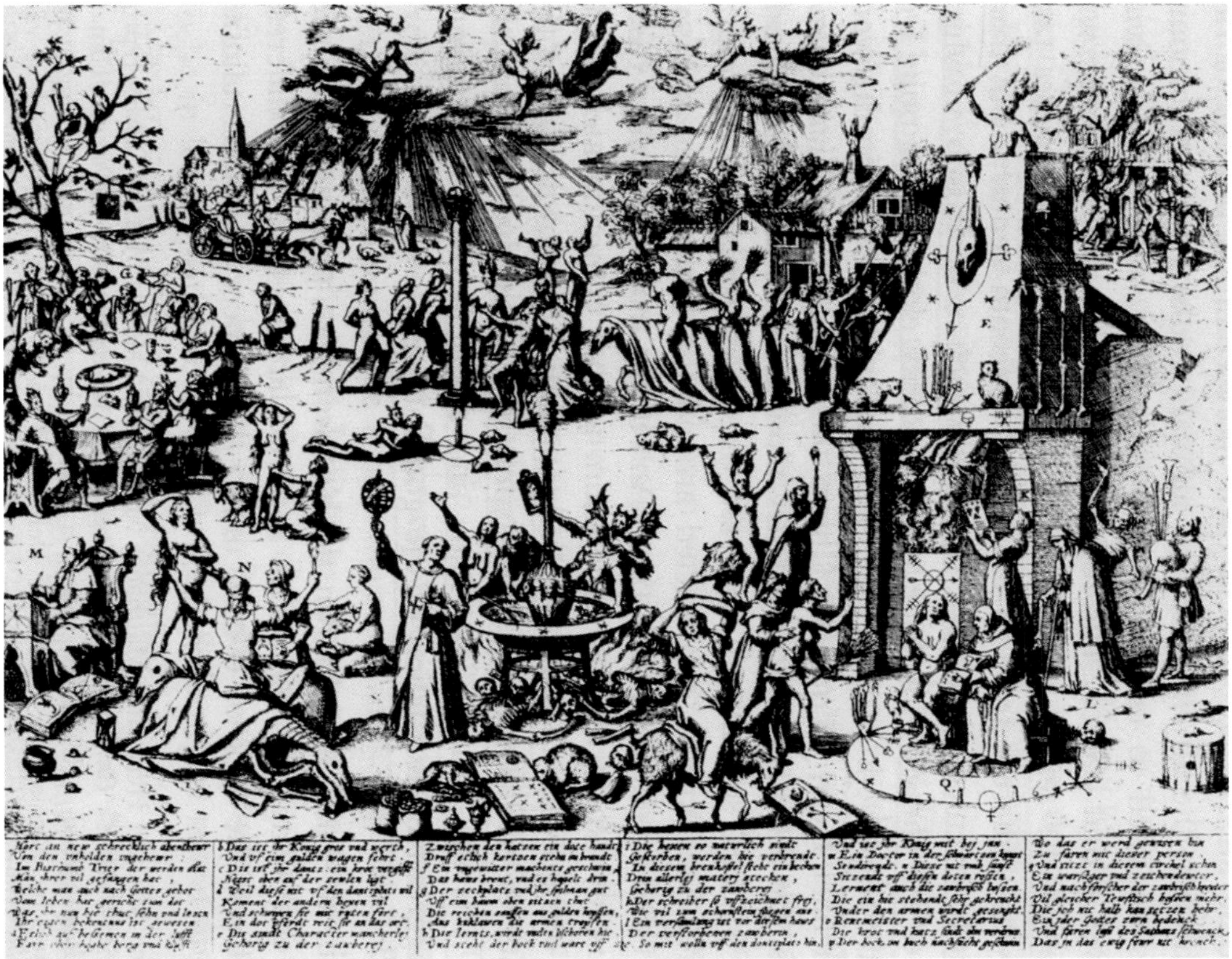

1593年のトリーアにおける魔女のサバト。トマス・ジークフリードゥス著『問への正解』（1593年）より。

性だった。

シャーマニズム的民間信仰の担い手が、キリスト教の圧力のもとで次第に魔女と同一視された有名なケースとして、イタリアのヴェネツィア共和国のフリウーリ地方におけるベナンダンティとハンガリーのタルトスがある。両者とも特異な状態で誕生し（羊膜をかぶって生まれる、歯が生えた状態で生まれる）、超自然的力を持つことで知られる一団である。彼らはこの世とあの世を行き来し、死者の世界と交流できるとされ、四季の一定期間の夜になるとトランス状態に陥り魂の状態で収穫を損壊しようとする邪悪な魔女たちと戦い、勝利を収めて豊穣をもたらすと信じられていた。彼らは、自分たちはキリストの側についていると主張していたが、異端審問官はこうした信仰を悪魔由来のものと考え尋問を繰り返し、ついに「夜の戦い」はサバトに、民間信仰の担い手は魔女に変貌してしまったのである。

魔女狩りの流れ

魔女狩りは、どのような流れで行われたのだろうか。魔女狩りは、国、地域、時代、そして個々の事例に応じて異なる様相を見せるので一律に論じることはできないが、比較的詳細にその流れをたどることができるひとつの例を見ることにしたい。

　それは、一六〇〇年、神聖ローマ帝国内のバイエルン公国の首都ミュンヘンで行われた「パッペンハイマー魔女裁判」として知られる有名な魔女裁判である。便所清掃業を生業とし、放浪生活を送っていた夫婦と、二人の成人した息子からなるパッペンハイマー一家と知人の二人の男が魔女として告発され、尋問・拷問を受けた後、きわめて残酷な方法で火刑に処された。一家には一〇歳頃の子供がいたが、処刑を免れた少年ヘンゼルは母親アンナを含む家族が火あぶりにされる様子を目の前で見ることになる。

　ことは一五九九年夏に始まる。レーゲンスブルク（ミュンヘンの北約一〇〇キロメートルに位置）からドナウ河に沿って東約二〇キロメートルに位置するヴェルトの町でガインドルという名前の泥棒が処刑された。彼は死ぬ前、ミヒェルとガムプレヒトという名の「鋳掛け屋の若者」とともに、七人の妊婦を殺害したことを証言した。二人の若者は、パッペンハイマー一家の息子たちである。また一家がドナウ地方を放浪しながら、泥棒や旅人殺害を行っていると証言した。凶悪な放浪者一家の報告はミュンヘンに手紙で知らされたらしい。そして中央政府は地方の裁判官区で一家を発見した場合、逮捕することを命じた。

　一六〇〇年二月、レーゲンスブルクの西南約三〇キロメートルに位置する小村テッテンヴァンクの農民の馬小屋に滞在していた一家は当局に発見、逮捕され、村にほど近いアルトマンシュタインの牢獄に入れられた。逮捕時、ヘンゼルだけ取り残されたが、翌朝、宿を貸した家の妻がアルトマンシュタインの役所に連れて行った。取り調べの中で、一家の全員が罪を否認した。ガインドルとは面識があったが、「確信犯の泥棒」で身持ちの悪い彼と親しい間柄ではなく、むしろ関わり合いたくない人物であった。ガインドルの証言は濡れ衣であった。しかし拷問が使用されると状況が変わった。彼らは泥棒・放火・強盗を認めたのである。「鋳掛け屋の息子」からは、魔術を使用したという自白も引き出すことができた。ここから一家は、奈落の底に落ちていく。魔術を行ったという自白をきっかけに、一家に対する裁判は魔女裁判に変わってしまうのである。魔女に関心を抱いていたミュンヘンの中央政府は一家を首都に護送することを命じ、一家は牢獄のある「鷹の塔」に収監された。

　一六〇〇年四月一七日以降、ヘンゼルを皮切りに、一家の者は尋問と拷問を受け次々と自白していくことになる。鞭やストラッパード（罪人の両手首を背中側で縄で結び、天井の滑車で吊り上げて自白を促す拷問具）で苦痛に責めさいなまれ、人畜に対する損害、悪魔との契約、サバトへの参加などを自白し、最終的にパッペンハイマー一家は自らが魔女であることを認めた。

　逮捕から数えて約半年後の七月二九日朝、処刑の日を迎えた。その光景は、この裁判を記した当時の片面刷りパンフレットに鮮明に表現されている（八二ページ図版参照）。まず罪人たちは、市壁の一部にあった「鷹の塔」から判決の場所である市庁舎前のマリエン広場に移された。おそらく沿道には群衆が群がり、その様子を見守っていたことだろう。群衆が集まる広場に到着すると、極刑裁判官の面前で最終審理が行われた。宮廷広報官の書記が、「広場全体に響き渡る声」で罪人たちの自白内容を読み上げる。当時の史料によると、罪状が広範に及ぶものであったため、読み上げるのに二時間以上かかったという。魔術による四〇一人の子供、八五人の大人の殺害、五四回の地下食糧庫侵入、二八件の教会泥棒、一〇七件の殺人、二六回の放火、九回の街道上の追い剥ぎ、一三回の泥棒、二一回雹や大雨を降らせたこと、家畜と畑に対する無数の被害、夫婦間に四回の諍いをもたらしたこと、これらが罪状であった。公の場での罪状の読み上げによって、魔女の行為が広く人々の知るところとなったことに注意すべきである。群衆からは、恐怖、憤り、驚嘆の叫び声があがっただろう。

この後、極刑裁判官は告訴内容を吟味し判決を下すことになるが、判決自体は一週間前に既に決定されている。そして宮廷広報官書記が、事前に準備されていた判決文を群衆の前で読み上げる。

「魔術や魔女のかたく禁じられたおそるべき忌まわしい罪、すなわち、神や天国の軍隊を否定し、それに背反することに対しては、最も過酷な恐ろしい罰、火刑を命じるものであり……名前の挙がった六名の罪人をここに死刑に処し、苦痛に満ちた死を与えるものとする。つまり、六名全員を無蓋馬車二台に乗せ、死刑に先立って刑場まで連行し、焼けたやっとこで六回ずつ各人の身体から肉をはさみ取り、母親からはその際に両胸を切り取り、残りの五名の男は前述した刑場にて、車輪によって四肢を砕き、父親であるパウルス・ゲムペルルは、槍に突き刺し、その後、六名全員の命を火刑によって奪うものとする」。

火あぶりにされた六名の死体の埋葬は禁じられ、白い灰になるまで焼き尽くされた。

この魔女裁判の背景には、大公マクシミリアン（在位一五九七―一六五一）による国家統制の思惑があったとされる。大公は臣民を統制し、バイエルン公国に秩序をもたらそうとしていた。殺人、放火、略奪、追い剥ぎ、反カトリック、贅沢な衣服や飲酒、男女混浴、放浪など良俗に反することは徹底的に排されねばならなかった。そのためには、臣民を震え上がらせるような残虐な見せしめ的な魔女の公開処刑が必要とされたのである。

魔女という他者

土星の子供たち

魔女狩りが西欧各地で吹き荒れていた一六世紀末にフランドルの画家マールテン・デ・フォス（一五三二―一六〇三）によって制作された「土星とその子供たち」という図像がある。天空に描かれている髭を生やした老人は、ローマ神話のサトゥルヌス（ギリシア神話のクロノス）であり、土星を表している。そして地上には土星の影響下にある人々が描かれている。画面中央部ではインディオたちが鉱山労働に従事し、その右上方ではインディオたちが首長らしき人物に跪いている。さらに画面右隅に目を移すと、インディオたちが食人を行っている。画面左側に目をやると、骸骨が立つ鍋に向かって呪文を唱える魔術師と輪舞を繰り広げ空中飛行する魔女たちが見える。

土星の影響下にあるこれらの一団は、

マールテン・デ・フォス原画、クラスパン・ド・パッセ版画『土星とその子供たち』（16世紀末）。天空にはサトゥルヌス＝土星、地上にはその支配下にある人々が描かれている。占星術の磨羯宮（山羊座）と宝瓶宮（水瓶座）が描かれており、山羊の姿がデューラー作『山羊に後ろ向きに乗る魔女』（45ページ）のものと酷似していることに注意。地上左側には魔女と魔術師が、中央から右側にはアメリカ大陸のインディオが描かれている。鉱山で採掘する姿、首長を崇拝する姿、そして食人を行っている姿が見られる。

「土星の子供たち」であり、医学的観点からいえば、「メランコリーに冒された者たち」を意味した。ここでいう医学とは、近代医学成立以前の西欧医学の主流を占めた四体液病理説にもとづくもので、医学の父ヒポクラテスの説に由来する。この説によると、人体には血液・黄胆汁・黒胆汁・粘液が存在し、四体液のバランスが保たれていれば健康だが、バランスが崩れると病に罹るとされた。メランコリーは黒胆汁の増加が原因で起こり、黒胆汁は老化とともに増加すると考えられていた。

一五、一六世紀のヨーロッパでは占星術が非常に流行し、人々は、自分がどの星の下に生まれ、どのような運命をたどるのか気にかけた。だが、当時の占星術は一個人の「占い」というレベルにとどまるものではなく、社会や国家の行く末、また人間の種別化にも影響を与えるものだった。「惑星とその子供たち」というジャンルは一四世紀に出現し始め、一五、一六世紀にヨーロッパの各地で広まったもので、写本の挿絵や建築物の装飾にも使用された。

神話・占星術・医学が相互に結びついた「惑星とその子供たち」の考え方によれば、木星＝ジュピターは血液と結びつき、教養と富に恵まれた人々の性格と生活に関係し、火星＝マルスは黄胆汁と結びつき、兵士と関係する。また金星＝ウェヌスは粘液と結びつき、学者・芸術家と関係する。そして土星＝サトゥルヌスは黒胆汁と結びつき、貧民・犯罪者・身体障害者など当時の社会で虐げられていた人々と関係づけられていた。やがて一五世紀末のコロンブスによる新大陸発見以降、徐々にヨーロッパ人に知られるようになったインディオ、そして魔女も、「土星の子供たち」に結びつけられるようになっていった。

当時の天体上の知識では、土星は太陽から最も遠く離れた惑星で、冷たく乾燥し軌道が長いため動きが緩慢であると考えられていた。一方、サトゥルヌス＝クロノスは、父神ウラノスの王位を簒奪する際にその男根を切除し、また自分が同

「土星（サトゥルヌス）とその子供たち」、
『天球について』（15世紀）より。

「金星（ウェヌス）とその子供たち」、
『天球について』（15世紀）より。

じように王位を簒奪されることを恐れて自分の子供を次々に食べるなど（六番目の息子がゼウスである）忌まわしい行いをした神であった。このような占星術と神話に由来する土星＝サトゥルヌスのイメージが融合し、老年や死という忌まわしい要素が土星＝サトゥルヌスと結びつけられるようになった。

魔女とメランコリー

また黒胆汁は、評価が両極端に分かれる体液だった。一方では、天才を生み出す体液とされながら（アリストテレス作とされる『問題集』三〇・一に記述がある）、もう一方では精神錯乱・妄想を引き起こす体液とされ（ヒポクラテスに遡る）、二つの評価が歴史の中で繰り返し現われた。しかし中世に「黒胆汁は悪魔の風呂」であるという説が語られたように、総じて黒胆汁には悪い評価が与えられ、四体液の中では最も下位に置かれた体液であった。一五世紀末にフィレンツェの新プラトン主義者マルシリオ・フィチーノによって一時「天才的メランコリー」が復活させられ流行したが、魔女狩りが始まった一六世紀後半には黒胆汁の評価は再び悪くなっていた。デ・フォスの図像から読み取らなければならないのは、一六世紀末、魔女は「土星＝サトゥルヌスの子供」であり、食人を行うとされるインディオと同類の存在で、黒胆汁過多によってメランコリー症に冒されているとみなされていたということである。

　魔女がメランコリー症に罹っているかどうかという問題は、魔女狩りの時代、重要な争点であった。なぜなら魔女がメランコリーに冒されているとすれば、サバトや空中飛行など魔女が供述することは想像にすぎないということになり、魔女を火刑台に送る理由がなくなったからである。実際、この問題については、対面で行われたわけではないが、書物上である種の論争が行われた。口火を切ったのは、ユーリヒ・クレーフェ・ベルク公領のヴィルヘルム五世の侍医ヨーハン・ヴァイヤーだった（五六ページ参照）。ヴァイヤーは『悪魔の幻惑について』（一五六三年）を著し、魔女はメランコリーに冒された貧しい老女であり、その供述内容は想像されたものなので処刑してはならないと主張した。これに真っ向から対立したのがジャック・ボダンであった（『魔術師の悪魔狂』一五八〇年）。ボダンは、魔女はメランコリーに冒されておらず、メランコリーは男性を瞑想的にするものだと反論した。両者をふまえて、一五八四年にイングランドのジェントリ（郷紳）、レジナルド・スコットが『魔術の暴露』（一五八四年）を著し、ヴァイヤー説を支持した。

クラーナハ（父）作『メランコリア』（1528年）。クラーナハは、1530年前後に『メランコリア』と題される図像を数枚残した。魔法の小枝を削る魔女、遠景には「野蛮な狩猟」「夜の貴婦人たち」といった民間信仰的要素を多分に含んだ魔女の飛行が描かれている。

EFFIGIES IOANNIS WIERI ANNO
ÆTATIS LX. SALVTIS M.D.LXXVI.

ヨーハン・ヴァイヤーの肖像。『魔女について』(1577年)より。

Johannes Weyer (Ioannis Wieri, *De Lamiis Liber*, 1577)

「魔女とメランコリー」の問題は、その後も悪魔学者たちによって大なり小なり取り上げられていく。魔女狩り反対派が

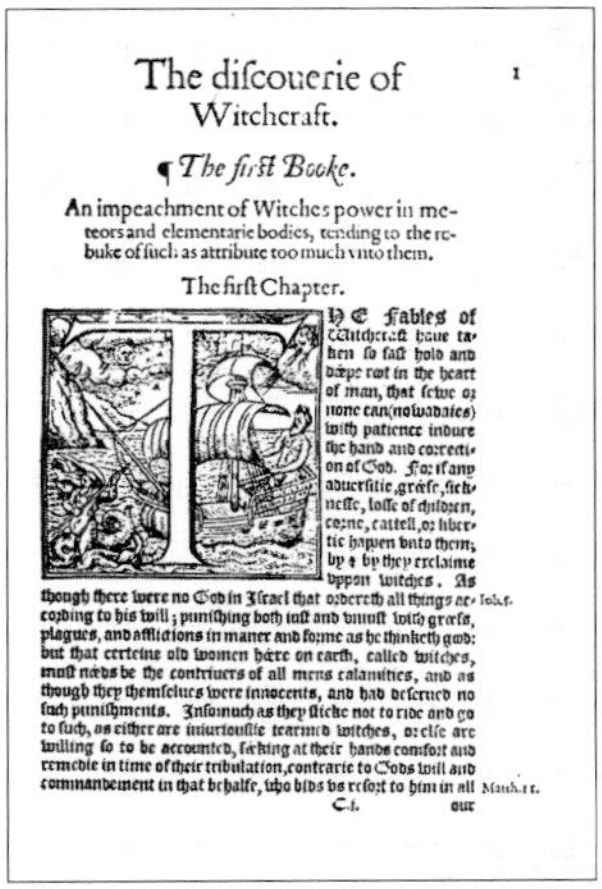
The discouerie of Witchcraft. 1

The first Booke.

An impeachment of Witches power in meteors and elementarie bodies, tending to the rebuke of such as attribute too much vnto them.

The first Chapter.

THE Fables of Witchcraft haue taken so fast hold and déepe root in the heart of man, that fewe or none can (nowadaies) with patience indure the hand and correction of God. For if any aduersitie, griefe, sicknesse, losse of children, corne, cattell, or libertie happen vnto them; by & by they exclaime vppon witches. As though there were no God in Israel that ordereth all things according to his will; punishing both iust and vniust with greefs, plagues, and afflictions in maner and forme as he thinketh good: but that certeine old women héere on earth, called witches, must néeds be the contriuers of all mens calamities, and as though they themselues were innocents, and had deserued no such punishments. Insomuch as they sticke not to ride and go to such, as either are iniuriouslie tearmed witches, or else are willing to be so accounted, seeking at their hands comfort and remedie in time of their tribulation, contrarie to Gods will and commandement in that behalfe, who bids vs resort to him in all Iob.5. Matth.11.

C.i. our

レジナルド・スコット『魔術の暴露』（1584年）の最初のページ。

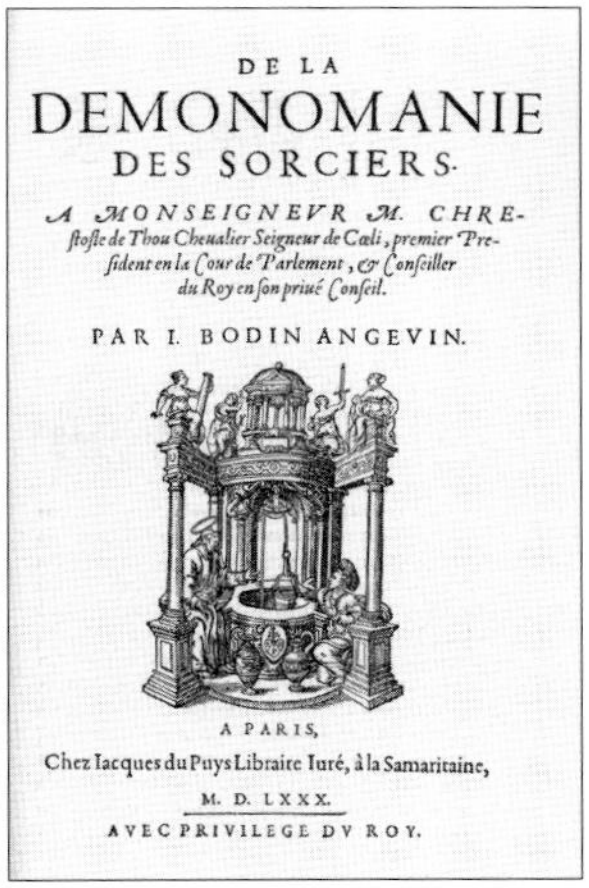
DE LA DEMONOMANIE DES SORCIERS.

A MONSEIGNEVR M. CHRESTOFLE de Thou Cheualier Seigneur de Cœli, premier President en la Cour de Parlement, & Conseiller du Roy en son priué Conseil.

PAR I. BODIN ANGEVIN.

A PARIS,

Chez Iacques du Puys Libraire Iuré, à la Samaritaine,

M. D. LXXX.

AVEC PRIVILEGE DV ROY.

ジャン・ボダン著『魔術師の悪魔狂』（1580年）の表紙。

DE PRAESTIGIIS DAEMONUM.

Von Teuffelsgespenst Zauberern vnd Gifftbereytern/ Schwartzkünstlern/ Hexen vnd Vnholden/ darzu jrer Straff/ auch von den Bezauberten/ vnd wie jhnen zuhelffen sey/ Ordentlich vnd eigentlich mit sonderm fleiß in VI. Bücher getheilet: Darinnen gründlich vnd eigentlich dargethan/ was von solchen jeder zeit disputiert/ vnd gehalten worden.

Erstlich durch D. Johannem Weier in Latein beschrieben/ nachmals von Johanne Fuglino verteutscht/ jetzund aber nach dem letzten Lateinischen außgangenen Original auffs newe vbersehen/ vnd mit vielen heilsamen nützlichen stücken: Auch sonderlich hochdienlichen newen Zusätzen/ so im Lateinischen nicht gelesen/ als im folgenden Blat zufinden/ so der Bodinus mit gutem grundt nicht widerlegen kan/ durchauß gemehret vnd gebessert.

Sampt zu endt angetruckten newem vnd volkommenen Register.

Mit Röm. Keys. Maiest. Freyheit/ auff zehen Jahr nicht nachzudrucken/ begnadet.

Getruckt zu Franckfurt am Mayn/ durch Nicolaum Basseum.

M. D. LXXXVI.

ヨーハン・ヴァイヤー著『悪魔の幻惑について』（1596年版）の表紙。

「魔女＝メランコリー症者」説を主張し、賛成派がこの説を否定するという構図は逆説的である。しかし、たとえばボダンは魔女が老女であると述べており、それは当然「黒胆汁増加＝メランコリー」という特徴を老女に付与することになる。実際、一六二一年にメランコリー論の百科事典ともいうべき『メランコリーの解剖』を著したイングランドの牧師ロバート・バートンは、魔女狩り賛成派のボダンやトマス・エラストゥス（一五二四―八三）やランベール・ダノー（一五三〇―九五）に言及し、「魔女たちがメランコリーであることを彼らは否定していない」と結論づけている。またそもそも、デ・フォスが制作したような図像が残されている事実を忘れてはならない。

「魔女とメランコリー」の問題から見えてくる魔女像、それは西欧近世社会における究極の「他者」としての魔女イメージである。当時の西欧人が「我々ではないもの」として遠ざけ拒否したものがそのイメージには凝縮されている。つまるところ、老女、黒胆汁質者、貧民、人肉を食べるインディオ、悪魔崇拝者といった他者的存在のエッセンスがアマルガムのように魔女像に溶け込んでいる。

煙突から箒に乗って家を出発する魔女たち。トマス・エラストゥス著『魔女の力に関する二つの対話』（1579年）より。

第五章 魔女狩りの終焉

裁判手続きへの眼差し

魔女狩りへの反対

　魔女狩りに反対する人々は、中世末から近世にかけて少数ながら存在した。一六世紀前半のアンドレーア・アルチャート（四六ページ参照）やアグリッパ・フォン・ネッテスハイム（四四ページ参照）がそうであったし、一六世紀後半にはヨーハン・ヴァイヤー（一〇四ページ参照）やレジナルド・スコット（一〇四ページ参照）のような人物が現われた。

　魔女狩り批判のスタンスは時期に応じて変化していった。中世末から近世のはじめにかけては中世の『司教法令集』を拠り所とする立場、一六世紀前半には新プラトン主義的立場から悪魔学の根本にあるアリストテレス主義を攻撃する立場、そして一六世紀後半以降はメランコリーを根拠に魔女とされた老女を免罪しようとする立場が見られた。しかし、こうした立場に立脚した魔女狩り批判が、実際に魔女狩りを終わらせることはなかった。魔女狩りがヨーロッパ各地で終焉を迎えるのは、一七世紀から一八世紀にかけてのことである。しかし衰退の兆しは地域にばらつきはあるものの、一六三〇年代から見られ始めた。魔女狩りを終息に向かわせたと考えられる要因はいくつかあり、それらは相互に関係しているのだが、その最も重要なものは司法上の変化である。

　第一に、新しい基準の証拠が求められるようになった。従来、自白が最重要の証拠とされていたが、裁判官たちはその内容に次第に懐疑的になっていった。とくに自白内容が悪魔との契約やサバトへの出席などの悪魔学的な内容になると、その内容は疑わしいものと考えられるようになった。魔女が悪魔の手下になったときに悪魔の爪で体につけられる「魔女の印」は、従来契約の証しとして裁判で重要視されたものだが、一七世紀末になると裁判官たちはこれを有罪の証拠とすることに躊躇するようになった。

　有害な呪術《マレフィキウム》によるものとした立証困難な事例については、次第に自然現象による原因が探求されるようになった。スペインでは、一六〇九年から一一年の魔女狩りの際、子供殺害や穀物損壊といった魔女が自白した邪悪な行為について、異端審問官は自然の原因を探索するよう指示されている。一六二〇年代末のスコットランドの魔女裁判では、魔女の弁護人たちはマレフィキウムによるものとされた災害や不幸が超自然的存在の介入によるものではないことを証明しようとした。信頼に足る厳密な証拠が必要とされるようになったのである。

　第二に、拷問が魔女狩り批判の中核を占めるようになった。もちろん、一六世紀においてもヴァイヤーやカルヴァン派牧師のアントン・プレトリウス（一五六〇―一六一三）のように魔女を拷問にかけることを批判した人物はいたが、一七世紀になると拷問批判はさらに強いものとなった。たとえばネーデルラントのアルミニウス派神学者ヨーハン・グレーヴによる『法廷改革』（一六二四年）や神聖ローマ帝国のキッツィンゲンの町医者コルネリウス・プライアによる『裁判官の槌』（一六二八年）はその例である。前者はいかなる目的であれ、キリスト教徒が拷問を用いることを批判したものであり、後者は書名が示すように、『魔女の槌』を意識して匿名で出版されたものであっ

拷問の様子。ウルリヒ・テングラー著『平信徒心得書』（1509年）より。

拷問の様子。ヤン・ロイカ作（1685年）。

た。しかしこれらの著書が、魔女狩りの衰退に直接的な大きな影響を与えることはなかった。

フリードリヒ・シュペーの拷問批判

拷問批判によって魔女狩りの衰退に大きな役割を果たしたのが、イエズス会士フリードリヒ・シュペー（一五九一―一六三五）が著した『刑事的警告』（一六三一年）である。シュペーは、シュパイヤー、パイネ、パーダーボルンなど神聖ローマ帝国の諸都市のイエズス会教育施設で教育活動を行う傍ら聴罪司祭を務め、実際に被告魔女と対面した経験をもとに魔女裁判手続きのあり方を批判した。シュペーは、魔女がこの世に存在することは認めている。しかしこれは、魔女狩りに反対することが即「魔女の後援者」とみなされるような時代にあって、自説を展開するためにとったシュペー一流の方便であったかもしれない。実際、『刑事的警告』は匿名で出版された。

シュペーは、拷問によって無実の人々が魔女に仕立て上げられていくと考えていた。とくにドイツ地域の状況は悲惨だった。シュペーは言う。

「慣例で使用されている拷問は極めて酷いもので、限界をはるかに超えている。……少なからぬ女たちが拷問台の拷問から逃れるために、犯してもいない罪を自白する。どんな犯罪であっても偽って自分でつくり出すのである。審問官たちが示唆した犯罪や、彼女たちが自白しようとあらかじめ決めた事柄を自白するのである」。

また、噂にもとづく告発が無効であることもシュペーは主張した。

シュペーはバイエルン公国のインゴルシュタット大学で神学教授を務めていたイエズス会士アダム・タナーの議論（『スコラ神学全集』一六二六、二七年）を頻繁に引用している。タナーもまた魔女狩り反対派で拷問批判派であった。タナーによれば、魔女迫害は魔術以上に危険であり、ローマ帝国のネロ帝によるキリスト教徒迫害に匹敵するほど不法極まりないものであった。シュペーはタナーの見解にも触発され著書を公にしたのだが、その主張はタナー以上に徹底したものだった。『刑事的警告』は好評を博し、初版

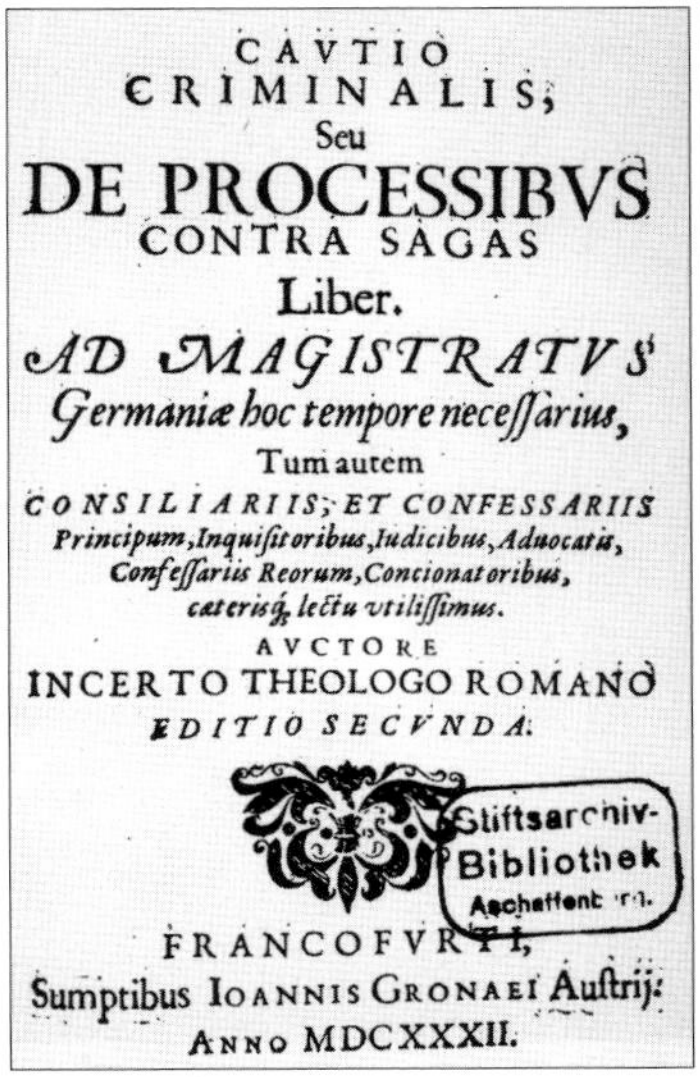
CAVTIO CRIMINALIS; Seu DE PROCESSIBVS CONTRA SAGAS Liber. AD MAGISTRATVS Germaniæ hoc tempore necessarius, Tum autem CONSILIARIIS, ET CONFESSARIIS Principum, Inquisitoribus, Iudicibus, Aduocatis, Confessariis Reorum, Concionatoribus, cæterisq; lectu vtilissimus. AVCTORE INCERTO THEOLOGO ROMANO EDITIO SECVNDA. FRANCOFVRTI, Sumptibus IOANNIS GRONAEI Austrij. ANNO MDCXXXII.

シュペー著『刑事的警告』（1632年版）表紙。

フリードリヒ・シュペーの肖像。

Erweytterte Vnholden Zeyttung. Kurtze Erzelung wie viel der Vnholden hin vnd wider / sonderlich inn dem Obern Teutschland / gefängklich eingezogen: was für grossen schaden sie den Menschen / vermög jhrer vrgicht/zůgefüget/ vnd wieviel vngefehrlich deren / inn disem 1590. Jar / biß auff den 21. Julij / von dem Leben zum Todt hingerichtet vnd verbrandt worden seyen.

煮え湯（あるいは煮えた油）をかけられて処刑される魔女。当時のちらし（1590年）より。

ヨーハン・フィリップ・フォン・シェーンボルンの肖像。

後一〇〇年間に一六版を数え、ドイツ語、フランス語、オランダ語、ポーランド語などのヨーロッパ諸語に翻訳された。また内容が宗派に偏りのないものであったため、プロテスタントにも受け入れられた。

シュペーの著作が魔女狩りに終止符を打った例として、マインツ選帝侯領の件が挙げられる。一六四二年にヴュルツブルク司教となったヨーハン・フィリップ・フォン・シェーンボルンは、一六四七年にマインツ大司教・選帝侯となったが、彼はシュペーの友人であり、同年選帝侯領で魔女狩りを禁止する布告を出した。また一六六〇年にフランス語訳が出版された理由は、一六五〇年代末のフランシュ＝コンテにおける魔女裁判に終止符を打つためであった。

裁判の現場でも、拷問の使用は人道主義的な理由と拷問によって引き出された自白には信憑性がないという理由から、次第に抑えられていった。拷問を使用する際の厳格な規則がスペインでは一六一四年に、イタリアでは一六二〇年代に、スコットランドでは一六六〇年代に公布されている。また神聖ローマ帝国の様々な領邦国家でも同様の動きが一六三〇年代以降見られるようになったが、これにはシュペーの著作が何らかの影響を与えていると考えられる。

中央当局の権力強化

司法上の変化の第三に、独自の権力をもって自由裁量で魔女狩りを行っていた地元の裁判所に対して、中央当局あるいは上級の裁判所がより厳格にコントロールを行使するようになったことが挙げられる。たとえば地域によって、地元の裁判所が厳格な刑事訴訟手続きを踏むことや、すべての告発が中央当局によって認可されることが必要とされ、魔術に関わる事件で死罪の判決を受けた者は控訴のうえ、再調査されるように命じられた。また権力を濫用して正規の訴訟手続きの規準を犯した地元の裁判官を罰することもあった。たとえばミュンヘンの中央政府のコントロールを十分に受けていなかったバイエルン公国の一地域で、一六〇八年から翌年にかけて魔女狩りが起こったが、中央政府が介入し、魔女狩りを行った地元の裁判官ゴットフリート・ザトラーは投獄され一六一三年に斬首された。ザトラーはこのような報いを受けた最初のカトリックの魔女狩り人であり、魔女狩り反対の風潮の象徴的事件と言えるものである。

魔女狩りは各地域の状況に応じて終焉を迎えたが、そのプロセスは緩慢なものだった。たとえばフランス王国では魔女狩りの衰退は、一六四〇年代のパリで起こり始めたが、ほかの場所では一六八二年のルイ一四世による勅令をもって迫害と有罪判決の劇的な減少が見られた。最後の処刑は一七四五年に起こっている。イングランドではマシュー・ホプキンズによる大規模な魔女狩りが一六四六年に終わった後、裁判と処刑が一六八二年まで続いた。しかしその後は、裁判と有罪宣告が散発的に見られたものの処刑された者はいなかった。一六〇四年に制定された魔術法令は、一七三六年に議会によって廃止された。スコットランドでは一六六一年から翌年にかけての大規模な魔女狩りの後で衰退し始め、一七二七年に最後の処刑が行われた。スコットランドで一五六三年に制定された魔術法令も一七三六年に廃止された（一七〇七年、イングランドとスコットランドは統一して大ブリテン王国となった）。

神聖ローマ帝国内では、たとえばヴュルツブルクで最後の処刑が一七四九年に、ヴュルテンベルクでは一七五一年に行われている。一七六六年にはハプスブルク家の法令が出されたが不徹底なものであり、詐欺や精神病に由来する魔女告発は禁じたが、悪魔と契約を結んだ者には追放刑を処し、悪魔の援助によってマレフィキウムを行った場合には死罪の可能性も認めるものだった。魔女裁判を完全に禁止する法令を定めたのは、ポーランド王国とスウェーデン王国である。一七七六年のポーランドの法令はすべての裁判所に魔女告発を禁じ、一七七九年のスウェーデンの法令は一七三四年に定められた旧法中の魔術に関する条項を削除し、告発は実質的に不可能になった。

一七一四年にプロイセン王国ではフリードリヒ・ヴィルヘルム一世（在位一七一三―四〇）のもと勅令が出され、魔女裁判で使用される刑事訴訟手続きの改革が目指された。魔女に対して拷問と処刑を実施するには、国王の確認が必要とされた。中央当局の介入により魔女狩りが抑止されることになったのである。この結果、無実の人間に対して拷問を使用して自白を強要し処刑することに歯止めがかかるようになった。プロイセン王国で魔術に関わる裁判に対して死罪の適用が廃止されたのは、一七二一年のことだった。

以上のように一七、一八世紀に各国で法令は出され魔女狩りは衰退していったが、完全に消滅したわけではない。その後も地域によっては、呪術が関与しているとみられるような何らかの不幸が起こったとき、人々は魔女を探し出し、私刑《リンチ》によって殺害することもあったのである。

科学革命とデカルト的思考

プロイセン王国における魔女裁判批判

プロイセン王国における魔女裁判手続きの見直しに影響を与えたとされるのが、法学者で一七一〇年からプロイセン王国のハレ大学法学部長を務めていたクリスチャン・トマジウス（一六五五―一七二八）である。父王フリードリヒ・ヴィルヘルム一世の後を継ぎプロイセン王国を列強の地位に押し上げた啓蒙専制君主として知られるフリードリヒ二世（大王）をして、彼のおかげで女性たちが平和のうちに老いて息を引き取ることができるようになったと言わしめた人物である。

トマジウスはラテン語で『魔術の犯罪について』（一七〇一年）を著し、魔女狩りを批判した。本書は二年後にドイツ語訳が出版され、その後も版を重ねた。トマジウスは魔女が存在することを否定したわけではなく、マレフィキウムを行った場合には処罰されると考えていたが、魔女とされた人々に拷問を使用することや、悪魔との契約、サバト、空中飛行といった近世の魔女信仰の中心となる信条を否定した。また悪魔が物質界に影響し

Mein Leser! wilst du noch den Zauber-Berg verneinen?
Es stellt ja dieses Blat dir solchē deutlich für/
Du siehst der Hexen-Chor auff selbigen erscheinen.
Wiewohl ich irre mich; Er steht nur auff Pappier.

トマジウス著『魔術の犯罪について』の口絵より。座って書きものをしているのはトマジウスである。空には飛行している魔女たちが見える。

クリスチャン・トマジウスの肖像。

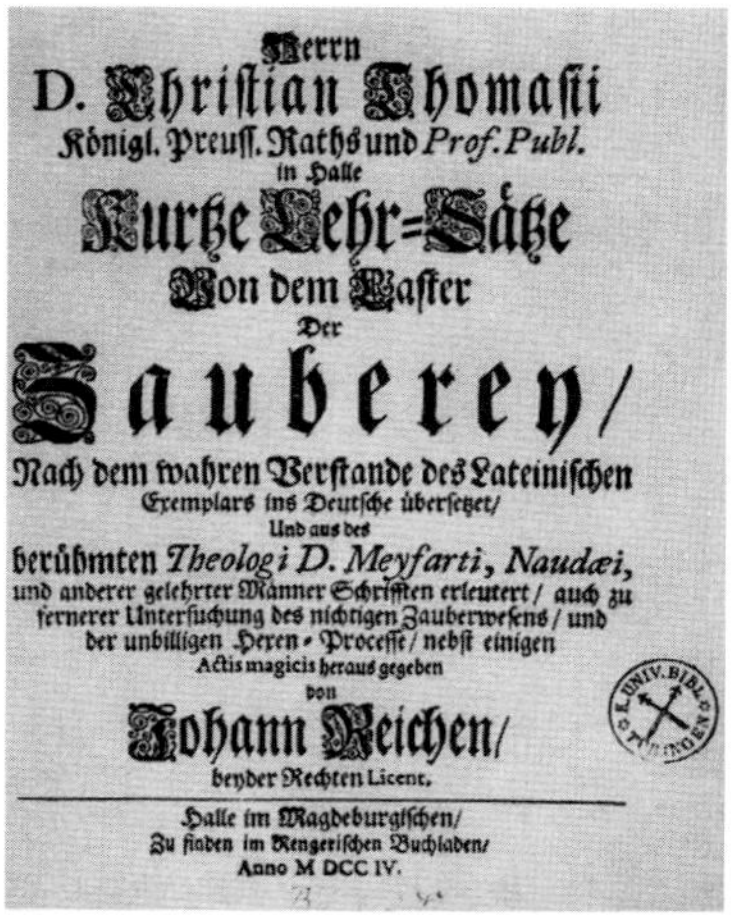

Herrn
D. Christian Thomasii
Königl. Preuss. Raths und Prof. Publ.
in Halle
Kurtze Lehr-Sätze
Von dem Laster
Der
Zauberey/
Nach dem wahren Verstande des Lateinischen
Exemplars ins Deutsche übersetzet/
Und aus des
berühmten Theologi D. Meyfarti, Naudæi,
und anderer gelehrter Männer Schrifften erleutert/ auch zu
fernerer Untersuchung des nichtigen Zauberwesens/ und
der unbilligen Hexen-Processe/ nebst einigen
Actis magicis heraus gegeben
von
Johann Reichen/
beyder Rechten Licent.
Halle im Magdeburgischen/
Zu finden im Rengerischen Buchladen/
Anno M DCC IV.

トマジウス著『魔法の犯罪について』（1704年版）表紙。

うるという考え方も批判した。

「私は、悪魔が角や鉤爪や猛禽類の爪をもっていることや……悪魔が物質的身体をとり、いろいろな形態で人間の前に現われることを信じることができず、強く否定する。また悪魔が人間と契約を結んだり、寝たり〔性交すること〕、ブロックスベルク〔ハルツ山中のサバトが行われる場所として知られていた〕に箒や山羊に乗せて連れて行くことなども信じることができない」（一七〇二年、冬の講義）。

　トマジウスはシュペーの影響を受けて拷問を断固として否定するようになった。そして哲学者ライプニッツがシュペーこそ『刑事的警告』の著者であるとつきとめたことを広く知らしめたのはトマジウスその人であった。

　さらにトマジウスは『異端審問訴訟の起源と継続に関する歴史的調査』（一七一二年）をドイツ語で出版し、聖書、ローマ法、教会法、教皇勅書、中世から当時にいたる悪魔学者たちの論考を批判的に検討し、カトリック、プロテスタント双方の悪魔学者たちや魔女狩り賛成者を批判した。このようなトマジウスのスタンスは当時としても過激であったため批判も起こり、敵対者の中には彼を無神論者

シュヴァルツヴァルトの様子。シュヴァルツヴァルト、すなわち「黒い森」は魔女狩りが盛んであったドイツ南西部に位置する。鬱蒼とした森の様子は、魔女のサバト開催場所を彷彿させる(ただし、現在のシュヴァルツヴァルトは植林から成っている)。森は中世以来、狼などの獰猛な野獣や魔女・妖精といった魑魅魍魎が住む場所として恐れられた。こうした森も、現在は観光地・保養地のひとつとなっている。©Miles Ertman/Masterfile/amanaimages

呼ばわりする者もいたほどである。さらにトマジウスは一七世紀後半から一八世紀はじめにかけて著されたイングランドの魔女狩り反対者ジョン・ウェブスターとフランシス・ハッチンスンの魔女狩り批判書のドイツ語訳にも関わり、イングランドにおける魔女論争を広くヨーロッパ大陸に知らしめた。

デカルト的思考の影響

トマジウスの悪魔観や魔女信仰の考え方の基盤には、デカルト的な懐疑思考がある。トマジウスはデカルトを称賛した。ルネ・デカルト（一五九六―一六五〇）は近世哲学の父と称されるフランスの哲学者で、思考方法としての徹底的な懐疑を推し進め、合理主義的なものの見方・考え方を発展させた。デカルトは『方法序説』（一六三七年）で次のように述べている。「少しでも疑わしいところがあると思われそうなものは絶対的に虚偽なものとして斥け、結局疑いえないものが私の確信のうちに残らないかどうかを見とどけなければならないと私は考えた」。こうして虚偽を斥けていった結果、デカルトが到達した見解は、「哲学の第一原理」として知られる。すなわち、疑っている自分という存在は疑いえないという自覚にもとづいて、「我思う。ゆえに我あり（コギト・エルゴ・スム）」という真理が導き出されたのである。

さらにデカルトは述べている。「太陽をきわめて明瞭に見るにせよ、そうだからといって太陽が私たちの見る大きさのものであると判断すべきでないように、山羊の胴に獅子の首が接がれたのを明瞭に想像しえても、そうだからといって世の中に怪物がいると結論することはできない」。懐疑と合理主義にもとづく思考のあり方が一六三〇年代に現われたのである。またデカルトはこの哲学の原理にもとづいて、神・精神・物質の存在を証明し、自然のあらゆる現象を機械論的に理解しようとした。このような思考のあり方は、それまで当然と思われてきた「常識」や権威を疑い、拒否するような社会的風潮を生み出すことになった。

ルネ・デカルトの肖像。

トマジウスと並んで、デカルトの思想の影響を受けた魔女狩り批判者として有名なのがネーデルラントのプロテスタント牧師バルタザール・ベッカー（一六三四―九八）である。ベッカーが一七世紀末にオランダ語で公にした『魔術をかけられた世界』（一六九一―九三年）は好評を博し、すぐさまフランス語、ドイツ語、英語に翻訳された。このことは、ベッカーの見解が当時のヨーロッパ社会で広く受け入れられたことを示している。

ベッカーはこの世で悪魔が活動できるという考え方や、魔術や悪魔憑きを含むあらゆる種類の呪術的操作や現象の現実性を批判した。ベッカーの世界観ないし宇宙観は、宇宙は法則にしたがって動く整然とした機械であり、そこには神や精霊が介入する必要性も場所もないという、デカルト的な思想に沿うものであった。またベッカーは、魔女裁判の残虐性や不合理を非難した。無実の人々が馬鹿げた証言にもとづいて、裁判官によって魔女に仕立てあげられていくと考えていたのである。ベッカーの見るところ、民衆が魔術について信じている事柄は誤りであった。なぜなら、そもそもそのようなものは存在しないのだから。

この世における悪魔の力を否定するという考え方は聖書と矛盾し、ひいては神そのものを否定することにつながりかねないため、ベッカーの見解は保守的な立場の人々から異端視され、結局ベッカーは牧師職を解かれた。しかしその著書は広く普及し、ネーデルラント以外では、とくにドイツの諸地域に大きな影響を与えた。一八世紀にいたるまでこの地域の多くの開明的な読者や書籍収集家の蔵書のひとつにこの書は数えられたのである。ベッカーは、一七世紀末の魔女狩り批判者の中で最も影響力をもった人物に数えられる。

科学革命

司法上の変化に加えて、魔女狩りを衰退に導いたもうひとつの要因は、以上のような懐疑主義的、合理主義的な思考のあり方が誕生し、徐々に広まっていったことである。そしてこれに次ぐ第三の要因は、第二の要因と深く関連しているも

バルタザール・ベッカーの肖像。

のだが、一七世紀のヨーロッパ世界で科学上の重要な発見が相次いだことである。早くは一五四三年に『天体の回転について』を著したポーランドの天文学者ニコラウス・コペルニクス（一四七三―一五四三）に遡るが、その地動説は一七世紀に入って大きな進展をみた。イタリアのガリレオ・ガリレイ（一五六四―一六四二）は一六〇九年に初めて望遠鏡を製作し、月・木星・金星といった天体を観測することでコペルニクスの説が正しいことを説いた。カトリック教会より発禁処分を受けたガリレイの地動説を主張した著書『天文対話』が公にされたのは一六三二年のことである。また同じく地動説に立ち、師であるデンマークの天文学者ティコ・ブラーエ（一五四六―一六〇一）が収集した観測データをもとに惑星の楕円軌道説を説き、従来信じられていた神が統べる天体の理想的な円運動に修正を迫ったドイツの天文学者ヨハネス・ケプラー（一五七一―一六三〇）の「三法則」は、『新天文学』（一六〇九年）と『世界の調和』（一六一九年）で公にされた。また「万有引力の法則」の発見で知られ、理論物理学の基礎を築いたとされるイングランドの物理学者アイザック・ニュートン（一六四二―一七二七）の主著『プリンキピア』が著されたのが一六八七年のことである。観測、実験、数学を通して合理的に宇宙を理解し、そこに法則を見出そうとする姿勢がヨーロッパの知的風土に誕生していた。それまでの、宇宙の中心に不動の地球があり、天空が円運動を描いて回転するという中世以来のアリストテレス＝スコラ学的宇宙観は次第に廃れていった。それとともに、神や悪魔といった超自然的な霊的存在が、直接宇宙の運動に関与するという考え方も廃れていった。

　さらに、医学の領域でも数々の変革が一七世紀に見られた。たとえば、血液が体内を循環することを説いたイングランドの医師ウィリアム・ハーヴェー（一五七八―一六五七）の『心臓の運動について』

地動説を主張して裁判にかけられているガリレオ・ガリレイ。右に座るのがカリレイ。

ヨハネス・ケプラーの肖像。

アイザック・ニュートンの肖像。

が出版されたのは一六二八年であった。この説はイタリアの医師マルチェロ・マルピーギ（一六二八—九四）による動脈と静脈の吻合《ふんごう》の発見（一六五九年）と、さらにこの吻合をネーデルラントの博物学者アントニ・ファン・レーウェンフック（一六三二—一七二三）が高倍率のレンズによる観察により確証した（一六七三年）ことで確かなものとされた。さらに一六世紀から盛んになった解剖学により、人体の構造が明らかになってくるのに伴って、古代・中世以来、西洋医学の主流を占めていたヒポクラテスとガレノスに由来する四体液病理説が衰退していった。この動きに伴い、一六世紀後半から一七世紀はじめにかけて論争となった「魔女とメランコリー」の問題も、次第に魔女論の表舞台から消えていった。

　無論、神や悪魔や魔女に対する信仰、また神秘主義的な思考が急激に消滅したわけではない。それは緩やかに進行した

18世紀になると魔女信仰は次第に廃れていったが、魔女のイメージは人々の心をとらえて離さなかった。ニコラス・ロウによって編集された1709年出版のシェイクスピア全集に掲載されているイラスト。マクベスと3人の魔女を描いたもの。

のであり、また残存もしたのである。たとえばニュートンが錬金術に熱心に取り組んでいたことはよく知られている。またケプラーは母親が魔女の嫌疑を受けたとき（一六一五―二一年）、その解放に奔走しなければならなかった。イングランド・ステュアート朝のジェイムズ一世とチャールズ一世の侍医であったハーヴェーは、一六三四年、チャールズ治下で起こったランカシャーの魔女裁判で告発された四人の魔女の身体検査を行わなければならなかった。ただし「魔女の印」の確たる証拠はなく、四人は釈放されている。

近代絵画の先駆者と言われるフランシスコ・デ・ゴヤは、魔女に関わる絵をいくつか残した。サバトで雄山羊を取り囲む魔女の姿が描かれている。1798年作。

イギリス、ヨークシャーのナレスボロの伝説的な魔女シップトン婆さんについて述べた『シップトン婆さんのお話』（1750年頃）の挿絵。16、17世紀のイングランドの魔女裁判で魔女の飛行が問題になったことはほとんどなかったにもかかわらず、18世紀には魔女イメージの一つとして受容されていたことがわかる。

ゴヤ作『空中に舞う魔女たち』（1797〜98）。魔女たちが死人（あるいは瀕死の人間）の血を吸っている様子が描かれていると言われている。

風刺画を描いたイギリスの画家ウィリアム・ホガースは、『軽信、迷信、狂信』(1762年)で魔女を描いている。その描き方から、もはや魔女が恐怖の対象ではないことは明らかである。

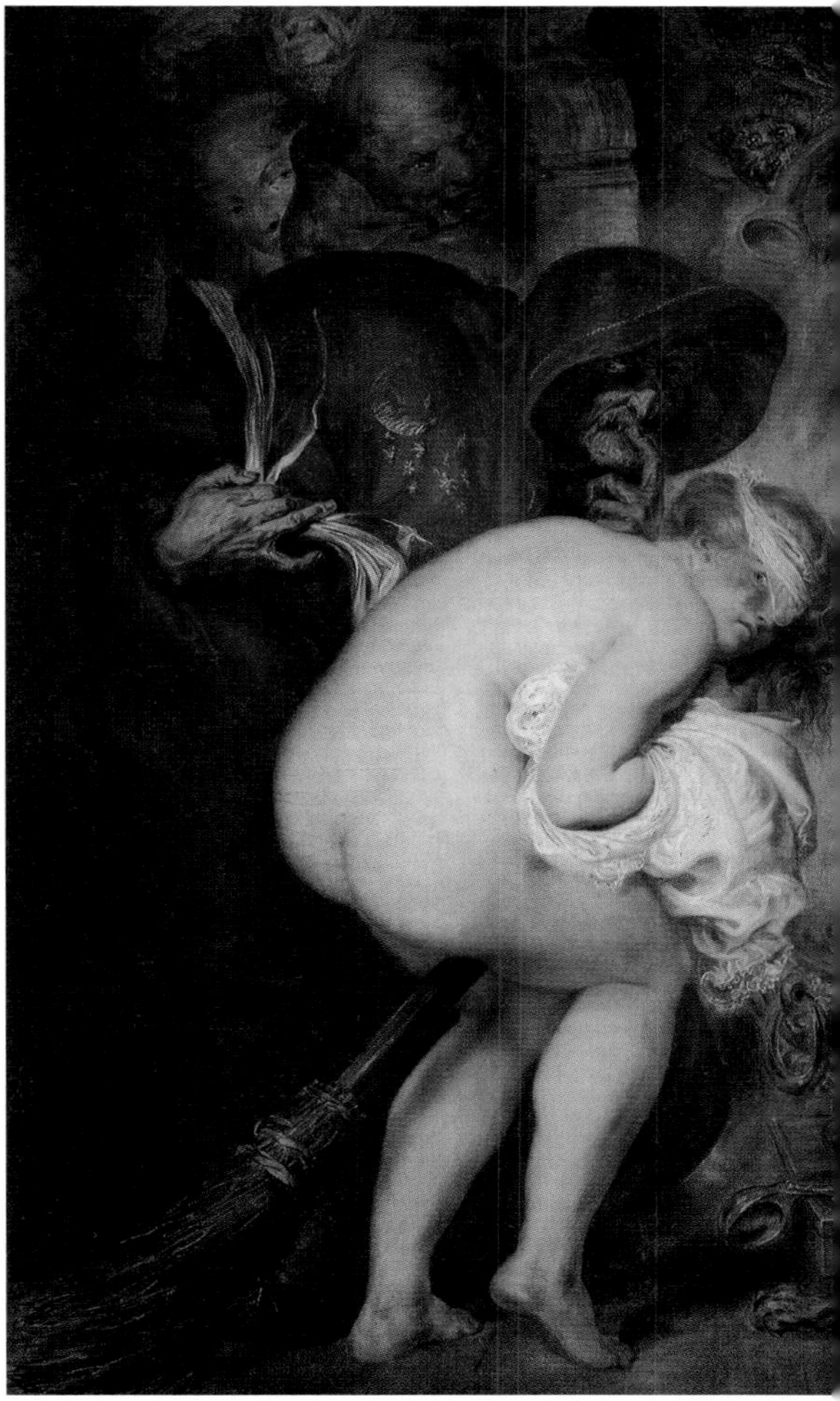

アントワーヌ・ヴィールツ作『若い魔女』(1857年)。ヴィールツはベルギーのロマン派の画家である。魔女は恐怖の対象ではなく、芸術表現の対象として描かれている。その姿はあくまで艶めかしい。

大局的にみれば、一七世紀中頃以降、まず西欧の諸地域で魔女狩りは衰退していった。司法上の変革、懐疑的・合理主義的思考、科学上の変革がほぼ同時期に進展し、魔女狩りの基盤たる魔女信仰そのものと裁判の仕組みを徐々に突き崩していったのである。はじめは教養ある階層の人々がこれらの運動に中心的に関わり巻き込まれていったが、徐々に民衆たちのあいだにも「新しい」思考が広がっていった。また、地域によって違いがあるので、直接的な衰退の原因であるとはいえないが、人々の生活状況がある程度改善されたことも関係していたかもしれない。一六世紀以降昂進していた物価上昇には落ち着きがみられ、賃金が減少することも止まった。

魔女狩りが集中的に起こったのは、一六世紀後半から一七世紀にかけてのことである。この時期は中世と近代の挟間であり、中世的世界観と近代的世界観がせめぎ合う時期であったと言えるだろう。古い時代から新しい時代への過渡期にあたるこの混沌とした時代だからこそ、魔女狩りという現象が起こったのだと言える。

魔女狩り終焉後の魔女狩り研究

魔女狩りとは何であったのか。なぜ、魔女狩りは西ヨーロッパの中世末から近世にかけて集中的に猛威を振るったのか。魔女狩りという歴史的現象に関する、このような根本問題に学問的な関心が向けられるようになったのは、西ヨーロッパ各地で魔女狩りが終焉を迎えてしばらく経った一九世紀のことであった。それは近代的な諸学問が成立・発展し、専門分化していく時代でもあった。それ以降、現在に至るまで膨大な研究が行われてきた。以下では、かなり大まかなものとなるが、現在までの魔女狩り研究の流れをたどることにしたい。

まず、確かな文献史料をもとにして、歴史的事実としての魔女狩りにリベラルな立場から迫り、残忍な魔女狩りに加担した教会と国家を非難したのがW・G・ゾルダンである。その研究姿勢は、啓蒙主義的な精神に加えて、近代歴史学の祖ランケの厳密な史料批判と客観的な歴史叙述にもとづく近代歴史学の方法に依拠するものであった。それは、のちに魔女狩り研究の合理主義的アプローチと称されることになる。二〇世紀初めには、同様のアプローチを取るJ・ハンゼンが、実在しない犯罪として魔術を位置づけ、後世の歴史学者や人類学者に影響を与えた。

一方、同じ一九世紀に登場したのが、ロマン主義的アプローチである。一八世紀末から一九世紀前半にかけてヨーロッパを席巻したロマン主義の思潮に影響されたこのアプローチは、魔女狩りにおける女性の重要性を強調した。しかし、その女性像は史実にもとづくものというよりは、研究者のある種の想像にもとづくものであった。これにはロマン主義が幻想や情緒、自然賛美、そして個性や国民・民族性を重視する特徴を持っていたことが関係している。このアプローチを代表するのが、J・グリムとJ・ミシュレである。グリムにとって、魔女は古代の叡智を継承する賢女であったにもかかわらず、キリスト教会によって不当に迫害された存在であった。一方、ミシュレにとって、魔女は封建的抑圧の犠牲者であり、魔女狩りはキリスト教会が行った犯罪にほかならなかった。魔女とされた女性たちは民間医療の卓越した担い手であり、中世の精神に反旗を翻す革命家であった。いずれにせよ、このアプローチは、魔女信仰が実在したこと、その淵源はキリスト教以前に遡る信仰にあること、そして密かに信じ続けられていたこの信仰が中世末から近世にかけてキリスト教会によって弾圧されたと主張する点で一致している。魔女としての女性を重視するロマン主義的アプローチは、時を隔てて一九七〇年代以降のフェミニズム運動に影響を与え、新しい魔女を標榜する新宗教の誕生の要因ともなった。ミシュレの引用は、現代フランスの著名なフェミニスト、M・ショレのフェミニズム的魔女論（二〇一八年）にも見られる。

ロマン主義的アプローチの系譜に連なる二〇世紀のM・A・マレーは、魔女信仰の起源をキリスト教以前の民間の有角神を崇める豊穣信仰に見出し、これがキリスト教会によって迫害されたと主張した。一九二九年から約四〇年の間の『ブリタニカ百科事典』の「魔術」項目はマレーの説にもとづくものであり、マレーの説は定説化した感があった。

ところが、一九七〇年代になると、マレーが依拠した史料が自説に適合するように取捨選択されたものであったことがN・コーンらによって暴露され、マレーの説は失墜する。コーンは、近世の大規模な魔女狩りに至る前史としての初期キリスト教時代から中世末までの様々な陰謀論と迫害表象を分析することを通して、近世の魔女狩りが、それらの陰謀論と定型化した迫害表象が結晶化したものであると主張した。コーンがマレーと並べて批判するのが、C・ギンズブルグによるイタリアのフリウーリ地方の民間信仰ベナンダンティに関する研究（一九六六年）である。一六〜一七世紀にかけて異端審問官の圧力により次第に自らを魔女と同一視するようになったベナンダンティには、豊穣信仰の名残が見られるというギンズブルグの説に対して、コーンはその関係性を否定する。その後、ギンズブルグはサバトを解読する研究を進め、一九八九年に、サバトの深層にユーラシア大陸に広がるシャーマニズムの痕跡を見出す壮大な研究を発表した。ギンズブルグのこれらの研究に対して、魔女狩りの背景にある文化変容を重視するアナール学派のR・ミュシャンブレは、魔女狩りという歴史的現象の解明には役立たないという立場から批判した。魔女狩り研究において民間信仰や民衆文化の要素をどのように理解するかは現在でも重要な問題であり続けている。

遡って六〇年代には、K・バッシュビッツがマレー説を批判しつつ魔女妄想を集団妄想とする研究を、H・R・トレヴァー＝ローパーが魔女狩りを近世ヨーロッパの宗教史・思想史・文化史と関連づける研究を発表した。彼らが参照できた史料は限定的なものであったが、合理主義的アプローチに則りながらそれまでの魔女狩り研究をまとめようとしたものであった。七〇年代に入ると、K・トマスとその弟子A・マクファーレンのイングランドの魔女狩りと魔女信仰に関する研究が現れる。前者はイングランドの裁判記録やパンフレットなどを活用して幅広い魔術信仰のありようを描き出し、後者はエセックス州の魔女狩りの動態を活写した。いずれの研究も人類学の影響を多大に受けており、その後の魔女狩り研究が学際性を一つの特色とするようになることを予示する先駆的研究と言えるものである。さらにH・C・E・ミデルフォートやW・モンターは、南西ドイツやスイス地域の魔女狩りを対象に地域的特殊性、社会理論、思想史、社会史を考慮した地域研究を推し進めた。

八〇年代には、北欧・東欧など研究の対象地域の著しい拡大が見られ、各地域を専門に研究する歴史家たちが多く輩出する。各地域の魔女狩りの特性、激化した時期、被告魔女のジェンダー、民間信仰などが次々に明らかにされた。地域研究は現在も進行中である。九〇年代に入ると、魔女狩りの力学や動態に加えて魔女信仰に関する様々なトピックに関わる研究が新しい研究手法のもと進められた。たとえば、魔女狩り時代に出版された膨大な悪魔学書を分析する中から、魔女信仰を含む当時のヨーロッパ社会の二元的な思想構造を明らかにしたS・クラークの研究や、特殊な事例に焦点を絞り、ミクロストリア的手法で迫るW・ベーリンガーの研究、精神分析的手法を用いるL・ローパーの研究が挙げられる。魔女告発の仕組みや魔女狩りの背後に潜むエリート文化と民衆文化の動態を読み解こうとする、七〇〜八〇年代に主流であった社会理論的な魔女狩り研究は下火になり、魔女狩りや魔女信仰に関わる制度、民間信仰、慣習、心性などの文化的な問題や法学・医学・神学・哲学など魔女信仰を支える思想的な問題にアプローチする研究が多くみられるようになった。裁判記録やパンフレットなどの史料において使用された「言語」の問題も、人文学における言語論的転回の影響を受けて注目された領域である。クラークの研究はその嚆矢である。

二〇〇〇年代に入ると、魔女狩り時代に制作された図像史料を分析対象とするC・ジーカなどの研究が現れる。魔女の図像は単なる想像物ではなく、当時の魔術言説の重要な一部であり、魔女のリアリティを担保するものなのだ。さらに二〇一〇年代には、歴史学の新潮流である感情史の影響を受けた研究も行われるようになった。恐怖や嫉妬などの感情と深く関連する魔女信仰は感情史研究の重要なテーマとなる。このように見ると、魔女狩り研究のトレンドが、自らのうちに学際性を増殖させながら人文社会系学問の発展と緊密に結びついていることが明らかであろう。

そして二〇二〇年代の現在、魔女狩り研究はますます盛んに行われている。たとえば人文社会系の学術書出版で有名なイギリスのラウトレッジ出版社から「魔術・悪魔学・呪術の歴史に関するラウトレッジ・スタディーズ」が続々と刊行さ

フュースリーの原画にもとづくジョン・ラファエル・スミスの銅版画。『シェイクスピア作「マクベス」の三人の魔女たち』1785年。『マクベス』第一幕第三場の武将バンクォーの台詞「何だあれは、ひねこびた姿形、気違いじみたなりふり、どう見ても、この世のものとは思われぬ。(…)人の言葉が通じるのか？どうやら、解るらしいな、そうしてひびわれた指を、めいめい皺だらけの唇にあてているのを見ると。うむ、女らしいな、それにしても、そのひげ、女とも言いかねるが」（福田恒存訳、新潮社、1969年）を描いたもの。誇張された顎・鼻、フードは同時代の風刺画家にも模倣された。

ウジェーヌ・ドラクロワ作『ファウストの前に現れたマルガレーテ（グレートヒェン）の亡霊』1827年。ドラクロワはロマン主義の指導的画家。ゲーテの『ファウスト』（1774〜1831年）にもとづくリトグラフ。ファウストと悪魔メフィストフェレスはワルプルギスの夜にブロックスベルクに登り魔女たちのサバトのダンスに加わる。ファウストはそこでマルガレーテの亡霊を見るが、メフィストフェレスは、それは魔法であると断言する（写真提供：Alamy）。

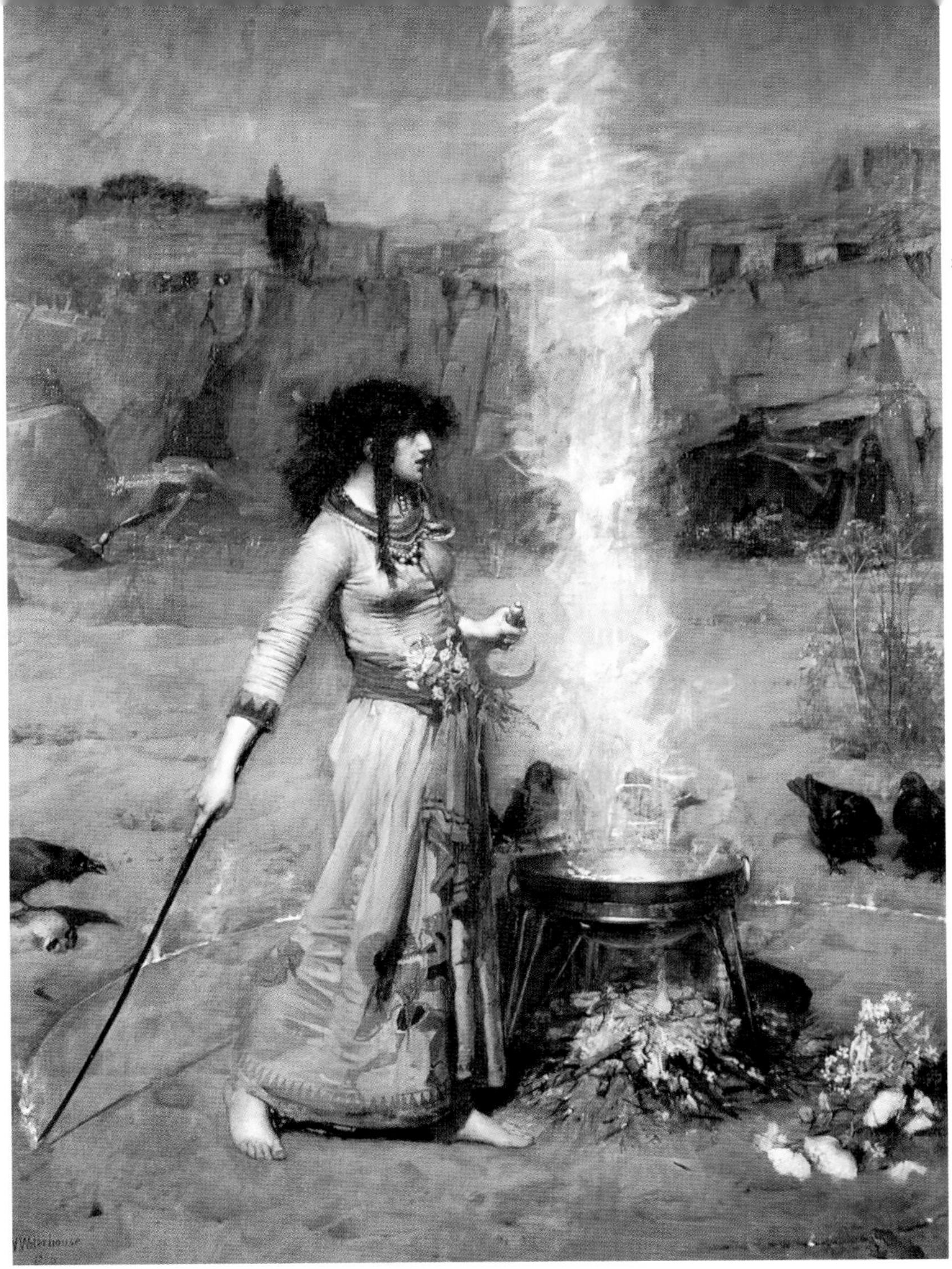

ジョン・ウィリアム・ウォーターハウス作『魔法円』1886年。右手に魔法の杖を持ち、左手に儀式用の鎌を握った魔女が、杖で地面に魔法円を描いている。魔女の首にはウロボロス（自分の尾を呑みこむ蛇。完全・無限の象徴）の首飾りがかかり、腰には花の咲いた薬草が巻かれている。不吉なカラスが魔法円の外側に集まっている。鍋から垂直に立ち上る煙の右側に見える洞窟の前景には、儀式を見守っているかのような魔女たちの姿が見える（写真提供：Alamy）。

れている。各巻でベテランと新進気鋭の研究者たちが、魔女狩り、悪魔学、民間信仰、亡霊、裁判史料に現れる女性の「声」（これも言語の問題に関連する）等の問題を取り上げている。日本では、池上俊一が最新の研究成果にもとづく魔女狩り研究書を出版した。

魔女狩り研究は、今後も学際性を発揮しながら人文社会系学問の先端を歩んでいくであろう。

追加参考文献

Behringer, Wolfgang, “Historiography”, in Richard M. Golden, ed., *Encyclopedia of Witchcraft: The Western Tradition*, Vo.II, ABC-CLIO, 2006, pp.492-498.

Nenonen, Marko & Raisa Maria Toivo, eds., *Writing Witch-Hunt Histories: Challenging the Paradigm*, Brill, 2014.

Williamsen, Liv Helene, *The Voices of Women in Witchcraft Trials: Northern Europe*, Routeledge, 2022.

池上俊一『魔女狩りのヨーロッパ史』岩波書店、2024年。

『月刊みんぱく（特集・となりの魔女）』第48巻第2号、国立民族学博物館、2024年2月号。

『思想（特集・魔女研究の新潮流）』no. 1125、岩波書店、2018年。

ショレ，モナ『魔女―女性たちの不屈の力』（いぶきけい訳）国書刊行会、2022年。

ミシュレ，ジュール『魔女』（篠田浩一郎訳）岩波書店、1983年。

図版出典文献

Muchembled, Robert, *Diable!*, Seuil / Arte Édition, 2002.

Patherbridge, Deanna, *Witches & Wicked Bodies*, National Galleries of Scotland in association with the British Museum, 2013.

17世紀初めのヨーロッパ

Levack（1987）より作成。

あとがき

初版刊行から一三年が経ち、増補改訂版を出版できることになった。多くの方々が手に取ってくださったということであり、心より感謝を申し上げたい。

今回、初版の本文の最後に、「魔女狩り終焉後の魔女狩り研究」の節を設けて加筆し、魔女狩りが研究の対象となり始めた一九世紀から現在までの魔女狩り研究史の流れを概観できるようにした。これによって、魔女狩りの歴史を通史的に見ていく本書の本体部分に、研究する立場から魔女狩りという歴史的現象を俯瞰的にとらえる部分を加えることになるので、魔女狩りをどう理解し解釈するのかという視点から、魔女狩りの歴史をいわば立体的に、いっそう深く知ることができるのではないかと思う。この節にあらたに追加した図像史料は一八世紀末から一九世紀にかけて、すなわち魔女狩り終焉後の時代に制作されたものである。本書の図像史料の大部分は中世末から近世の魔女狩り激発期のものなので、両者の比較から魔女のイメージに込められた意味の違いが見えてくるだろう。

この約一〇年間の魔女狩り研究の進展については、新しい節でも少しふれたが、それらの研究成果は、魔女狩りの歴史を図像史料とともに概観する本書初版の内容自体に影響を与えるものではないので、初版の内容そのものについて修正や加筆はせず、表記や誤字等の部分的な修正のみにとどめた。最新の研究状況について関心がある方は、追加参考文献に挙げた最近の文献をご覧いただければと思う。

魔女狩りは、古代から近世にかけてのヨーロッパ社会で起こった様々な出来事やそこで生み出された様々な文化が複合的に絡み合うなかで起こった。魔女狩りを準備したそれら多様な要因が、中世から近代への過渡期にあたる近世の時代に融合し、一挙に魔女狩りとして噴出したのである。魔女狩りには、古代ギリシア・ローマ神話の遺産、キリスト教による異教弾圧、正統教会による異端迫害、ユダヤ教徒などの社会的周縁者の差別、宗教改革・反宗教改革、近世国家における家父長制の進展と女性の立場の悪化、科学革命、近代的思考の誕生など、ヨーロッパの歴史や文化を考えていく上で重要な事象が関わっている。この魔女狩りの説明は初版の「あとがき」で記したことだが、ここに魔女狩りの時代がヨーロッパ人の想像界《イマジネール》が奔放に咲き乱れた「驚異の時代」でもあったことを追加しておこう。ヨーロッパ人の耳目を驚かせた怪物・奇形の誕生、天変地異の頻発、アメリカ「新」大陸の食人族の発見と魔女狩りは同時代現象なのだ。現実と想像が渾融する世界観のなかで魔女狩りは起こったのである。

執筆の際に参照した邦訳は、前後のつながりや読みやすさを考え表記を変えた箇所がある。最後に、初版と同様、増補改訂版でも、編集にあたって河出書房新社の渡辺史絵さんに大変お世話になった。あらためて深く感謝の意を表したい。

二〇二四年夏

黒川正剛

魔女狩り略年表

前450頃	ローマ最古の成文法『十二表法』成立。呪術を用いて穀物を盗んだ者を火刑にすることを規定。
313	ミラノ勅令により、ローマ帝国でキリスト教が公認される。
357	ローマ皇帝コンスタンティウス2世、すべての呪術を禁止。
392	ローマ皇帝テオドシウス、異教を禁止。
413〜427	聖アウグスティヌス、『神の国』を著す。
820頃	リヨン大司教アゴバルドゥスによる、天候呪術師（テンペスタリウス）に関する説教。
906頃	プリュムの元大修道院長レギノによって『司教法令集』が編集される。
1080	教皇グレゴリウス7世、デンマーク王に災厄等を魔女のせいにするのは悪い習慣だと訓告。
1180頃	イングランド聖職者ウォルター・マップが、『宮廷人の慰みごと』の中で異端カタリ派の悪魔崇拝的記述を残す。
1184	ヴェローナ教会会議でワルド派に対する異端宣告。
1215	第4ラテラノ公会議開催。異端審問手続きが制定される。
1233	教皇グレゴリウス9世、教皇直属の異端審問裁判所を創設する。
1270頃	スコラ学の代表的学者トマス・アクィナスが『神学大全』を著す。
1321	フランスでハンセン病患者の虐殺が起こる。
1324〜25	アイルランドでアリス・カイトラーが魔術の咎で裁判を受ける。
1347〜49	黒死病（ペスト）の大流行に伴い、ユダヤ教徒虐殺が起こる。
1409	教皇アレクサンデル5世の大勅書で、ユダヤ教徒とキリスト教徒から成る反キリスト教的な新宗派がアルプス山脈西方一帯に存在することが指摘される。
1430頃	西ヨーロッパにおける最初の魔女狩りが起こる。
1435〜37	ドミニコ会士ヨーハン・ニーダーが『蟻塚』を著す。
1436	『ガザリ派の誤謬』著される。

1480〜1520 西ヨーロッパで局地的な魔女狩りが起こるようになる。
1484 ドミニコ会士ハインリヒ・クラーマー、ラーヴェンスブルクで魔女狩りを行う。教皇インノケンティウス8世、「魔女教書」発布。
1486 ハインリヒ・クラーマー、『魔女の槌』を著す。
1489 ウルリヒ・モリトール、『魔女と女予言者について』を著す。
1492 コロンブス、アメリカに到達する。
1509 エラスムスが『愚神礼讃』を著す。
1513 バルボアが太平洋を発見する。
1516頃 アンドレーア・アルチャートが魔女狩りを批判する。
1517 ルターによって『95箇条の提題』が発表される。宗教改革が始まる。
1518 メッス市でハインリヒ・コルネリウス・アグリッパ・フォン・ネッテスハイムが魔女を弁護し、処刑を回避する。ツヴィングリが、スイス・チューリヒで宗教改革を開始する。
1519〜22 マゼラン隊が世界周航を行う。
1524 パオロ・グリランド、『異端と予言者についての論述』を著す。ドイツ農民戦争勃発。
1531〜33 ピサロによってインカ帝国が滅ぼされる。
1532 神聖ローマ皇帝カール5世治下の帝国議会で、『カロリーナ刑事法典』が制定される。
1541 カルヴァンがジュネーヴで宗教改革を開始する。
1545〜63 トリエント公会議が断続的に行われ、カトリックの立て直しが模索される。
1545 ジュネーヴでカルヴァンが参加した魔女狩りが行われる。
1555 アウグスブルクの宗教和議。
1558 イングランドでエリザベス1世の統治が始まる。
1560〜1660 気候の寒冷化が起こる（小氷期）。これ以降、天候不順と不作に伴い、魔女狩りが見られるようになる。
1560〜1630 西ヨーロッパで魔女狩りが本格化し、各地で魔女が処刑される。また、数多くの悪魔学論文が出版される。
1562 フランスで、新旧両教徒の宗教戦争であるユグノー戦争が起こる。
1563 ヨーハン・ヴァイヤーが、魔女裁判批判書『悪魔の幻惑について』を著す。イングランド、スコットランドで魔術法令が発布される。

1568 ネーデルラント独立戦争始まる。

1572 ザクセン選帝侯領で魔術法令が発布される。

1575 ニールス・ヘミングスンが、デンマークで最初の悪魔学論文「迷信的な魔術師の欺瞞についての警告」を著す。

1580 ジャン・ボダン、『魔術師の悪魔狂』を著す。

1582 イングランドのセント・オシス村で魔女裁判が起こる。

1584 レジナルド・スコット、『魔術の暴露』を著す。

1588 パリ高等法院、魔術に関わる有罪判決の強制的上訴を命じる。

1589 ペーター・ビンスフェルト、『妖術師と魔女の自白に関する論考』を著す。

1590〜91 スコットランドのノース・ベリックで魔女裁判が起こる。

1595 ニコラ・レミ、『悪魔崇拝』を著す。

1597 スコットランド国王ジェイムズ6世、『悪魔学』を著す。

1598 フランスで「ナントの勅令」が出され、プロテスタント（ユグノー）の信仰の自由が認められる。

1599〜60 マルティン・デル・リオ、『魔術探究』を著す。

1602 アンリ・ボゲ、『魔女論』を著す。

1604 新しい魔術法令がイングランドで制定される。

1607 イングランド、ヴァージニアにジェイムズタウンを建設。

1608 フランチェスコ・マリア・グアッツォ、『魔女要覧』を著す。

1609 ケプラーが「天体運行に関する法則」（第一、第二法則。第三法則は1619年に発表）を発見する。

1612 ピエール・ド・ランクル、『悪しき天使と悪霊の無節操一覧』を著す。

1618 三十年戦争が起こる。

1621 ロバート・バートン、『メランコリーの解剖』を著す。

1624 パリ高等法院、魔術に関わるすべての告発を自動的に上訴することを命じる。

1628 「夏のない年」。気候の寒冷化、不作に伴い、魔女狩りが激化する。
コルネリウス・プライアが『裁判官の槌』を著す。
ウィリアム・ハーヴェーが『心臓の運動について』を著し、血液循環説を主張する。

1631 フリードリヒ・シュペー、『刑事的警告』を著す。

1632	ガリレオ・ガリレイが『天文対話』を著し、地動説を主張する。
1634	ルーダンの悪魔憑き事件。司祭グランディエ処刑される。
1637	ルネ・デカルト、『方法序説』を著す。
1642	イングランドでピューリタン革命勃発。
1645〜46	イースト・アングリアでマシュー・ホプキンズによる魔女狩りが行われる。
1661〜62	スコットランドで大規模な魔女狩りが行なわれる。
1661	フランスで、ルイ14世が親政を開始する。
1666	ニュートンが「万有引力の法則」を発見する。
1668〜76	スウェーデンで魔女狩りが起こる。
1669	『魔女の槌』はこれ以後、再版されなくなった。
1682	フランスで、ルイ14世により魔女狩り禁止の勅令が出される。 イングランドで、合法的な最後の魔女の処刑が行われる。
1688	イングランドで名誉革命が起こる。
1691〜92	スロヴェニアで大規模な魔女狩りが起こる。
1691〜93	バルタザール・ベッカー、『魔術をかけられた世界』を著す。
1692〜93	ニューイングランドのマサチューセッツ州のセイレムで魔女裁判が行なわれる。
1701	クリスチャン・トマジウス、『魔術の犯罪について』を著わす。
1710〜30	ハンガリーで魔女狩りが最高潮を迎える。
1714	プロイセン王国でフリードリヒ・ヴィルヘルム1世の勅令により、魔女裁判の訴訟手続きの改革が行われる。
1727	スコットランドで、法に従った最後の魔女の処刑が行われる。
1736	大ブリテン王国で、1604年制定の魔術法令が廃止される。
1776	ポーランドで魔女裁判廃止法令が制定される。アメリカ独立宣言。
1777	ハンガリーで最後の魔女の処刑が行われる。
1779	スウェーデンで魔術に関る条項が法令から削除される。
1782	西ヨーロッパで、合法的な最後の魔女の処刑が行われる。
1789	フランス革命が起こる。
1791	フランスで魔術法令が廃止される。

デカルト，ルネ『方法序説』（落合太郎訳）岩波文庫　1953年

デル・オソ，F・ヒメネス『図説世界魔女百科』（蔵持不三也、杉谷綾子訳）原書房　1997年

中村禎里『魔女と科学者　その他』海鳴社　1987年

バーク，ピーター『ヨーロッパの民衆文化』（中村賢二郎,・谷泰訳）人文書院　1988年

ハイネ，ハインリヒ『流刑の神々・精霊物語』（小沢俊夫訳）岩波文庫　1980年

長谷川輝夫・大久保桂子・土肥恒之『世界の歴史17　ヨーロッパ近世の開花』中央公論社　1997年

バフチーン，ミハイール『フランソワ・ラブレーの作品と中世・ルネッサンスの民衆文化』（川端香男里訳）せりか書房　1973年

ブラウン，ピーター『古代末期の世界――ローマ帝国はなぜキリスト教化したか？』（宮島直機訳）刀水書房　2002年

ベンサソン，H・H．編『ユダヤ民族史』（石田友雄日本語版総編集）六興出版　1976-1978年

森田安一『ルターの首引き猫――木版画で読む宗教改革』山川出版社　1993年

安田喜憲編『魔女の文明史』八坂書房　2004年

ラッセル，ジェフリー・バートン『魔術の歴史』（野村美紀子訳）筑摩書房　1987年

同『ルシファー――中世の悪魔』（野村美紀子訳）教文館　1989年

同『悪魔――古代から原始キリスト教まで 』（野村美紀子訳）教文館　1995年

ロビンズ，ロッセル・ホープ『悪魔学大全』（松田和也訳）青土社　1997年

渡邊昌美『異端審問』講談社現代新書　1996年

図版出典文献

（参考文献からも図版は引用した）

Bacci, Massimo Livi, *The Population of Europe*, tr. by C. D.N. Ipsen and C. Ipsen, Blackwell Publishers, 2000

Bethencourt, Francisco, *L'Inquisition à l'époque moderne: Espagne, Portugal, Italie XVe-XIXe siècle*, Fayard, 1995

Callot's Etchings, ed., by Howard Daniel, Dover, 1974

Davidson, Jane P., *The Witch in Northern European Art, 1470-1750*, Luca Verlag, 1987

Osten, Gert von der, *Hans Baldung Grien: Gemälde und Dokumente*, Deutscher Verlag für Kunstwissenschaft, 1983.

Gloger, Bruno und Walter Zöllner, *Teufelsglaube und Hexenwahn*, Hermann Böhlaus Nachf., 1985

Guiley, Rosemary Ellen, *The Encyclopedia of Witches and Witchcraft*, Facts on File, 1989

Haining, Peter, ed., *The Witchcarft Papers: Contemporary Records of the Witchcraft Hysteria in Essex 1560-1700*, University Books, 1974

Hauschild, Thomas, Heidi Staschen und Regina Troschke, Hrsg., *Hexen: Katalog zur Ausstellung*, Zerling, 1991

Hults, Linda C., *The Witch as Muse: Art, Gender, and Power in Early Modern Europe*, University of Pennsylvania Press, 2005

Innes, Brian, *Horoscopes: How to Draw and Interpret Them*, Black Cat, 1987

Le Petit Larousse Illustré, Larousse, 2001

Levack, Brian P., *Hexenjagd*, aus dem Englischen von Ursula Scholz, Verlag C.H. Beck,1995

Maxwell-Stuart, P.G., *Witchcraft: A History*, Tempus, 2000

Oldridge, Darren, *The Devil in Early Modern England*, Sutton Publishing, 2000

Schmauder, Andreas, Hrsg., *Frühe Hexenverfolgung in Ravensburg und am Bodensee*, UVK, 2001

Sharpe, James, *Witchcraft in Early Modern England*, Peason Education, 2001

Soman, Alfred, "Les Procès de Sorcellerie au Parlement de Paris (1565-1640), *Annales, E.S.C.*, 32, 1977

The Malleus Maleficarum of Heinrich Kramer and James Sprenger, translated with an introductions bibliography and notes by the Reverend Montague Summers, Dover, 1971

Wolf, Hans-Jürgen, *Geschichte der Hexenprozesse*, Nikol Verlag, 1998

Van Dülmen, Richard, Hrsg., *Hexenwelten: Magie und Imagination vom 16.-20. Jahrhundert*, Fischer Tachenbuch Verlag, 1993

Villeneuve, Roland, *La beauté du diable*, Pierre Bordas et fils, 1994

Zika, Charles, *Exorcising Our Demons: Magic, Witchcraft, and Visual Culture in Early Modern Europe*, Brill, 2003

do., *The Appearance of Witchcraft: Print and Visual Culture in Sixteenth-Century Europe*, Routledge, 2007

『ゴーダ市美術館所蔵作品による宗教改革時代のドイツ木版画』国立西洋美術館　1995年

『週刊美術館42　クラーナハ、グリューネヴァルト　ドイツの森の怪奇とエロス』小学館　2000年

『初期ルネサンスの魅力――祈りと愛と美への陶酔』（グレート・アーティスト別冊）同朋舎出版　1991年

『盛期ルネサンスの魅力――都市の繁栄と宮廷文化のひろがり』（グレート・アーティスト別冊）同朋舎出版　1991年

『世界の大画家11　ブリューゲル』中央公論社　1984年

高橋裕子・小池寿子・高橋達史・岩井瑞枝・樺山紘一『NHK日曜美術館・名画への旅　美はアルプスを越えて――北方ルネサンスII』講談社　1992年

『ルーマニア国立美術館・ブルケンタール国立博物館所蔵16-18世紀ヨーロッパ絵画展』毎日新聞社　1995年

ル=ロワ=ラデュリ，エマニュエル『気候の歴史』（稲垣文雄訳）藤原書店　2000年

ローズ=マリー＆ライナー・ハーゲン『フランシスコ・ゴヤ 1746-1828』Taschen　2004年

地図製作・平凡社地図出版

参考文献

Ankarloo, Bengt and Gustav Henningsen, eds., *Early Modern European Witchcraft: Centres and Peripheries*, Clarendon Press, 1990

Bebb, Phillip N. and Sherrin Marshall, eds., *The Process of Change in Early Modern Europe*, Ohio University Press, 1988

Behringer, Wolfgang, *Witches and Witch-Hunts: A Global History*, Polity Press, 2004

Bodin, Jean, *De la démonomanie des sorciers*, Georg Olms Verlag, 1988

Brink, Jean R., Allison P. Coudert and Maryanne C. Horowitz, eds., *The Politics of Gender in Early Modern Europe*, Sixteenth Century Journal Publishers, 1989

Broedel, Hans Peter, *The Malleus Maleficarum and the Construction of Witchcraft: Theology and Popular Belief*, Manchester University Press, 2003

Burns, William E., *Witch Hunts in Europe and America: An Encyclopedia*, Greenwood Press, 2003

Burton, Robert, *The Anatomy of Melancholy*, edited by A.R. Shilleto, with an introduction by A.H. Bullen, G. Bell, 1920

Clark, Stuart, *Thinking with Demons: The Idea of Witchcraft in Early Modern Europe*, Clarendon Press, 1997

Englander, David, Diana Norman, Rosemary O'Day and W.R.Owens, eds., *Culture and Belief in Europe 1450–1600: An Anthology of Sources*, Blackwell, 1990

Flint, Valerie, Richard Gordon, Georg Luck and Daniel Ogden, *Witchcraft and Magic in Europe: Ancient Greece and Rome*, The Athlone Press, 1999

Gibson, Marion, *Early Modern Witches: Witchcraft Cases in Contemporary Writing*, Routledge, 2000

Golden, Richard M. ed., *Encyclopedia of Witchcraft: The Western Tradition*, Vol. I–IV, ABC-CLIO, 2006

Hans Baldung Grien: Prints and Drawings, Yale University Art Gallery, The University of Chicago Press, 1981.

Jolly, Karen, Catharina Raudvere and Edward Peters, *Witchcraft and Magic in Europe: The Middle Ages*, The Athlone Press, 2002

King James the First, *DAEMONOLOGIE* (1597) and *NEWS FROM SCOTLAND* (1591), Edinburgh University Press, 1966.

Klaits, Joseph, *Servants of Satan: The Age of the Witch Hunts*, Indiana University Press, 1985

Kors, Alan Charles and Edward Peters, eds., revised by E. Peters, *Witchcraft in Europe, 400–1700: A Documentary History*, 2nd ed., University of Pennsylvania Press, 2001

Levack, Brian P., *The Witch-Hunt in Early Modern Europe*, Longman, 1987

do., "State-buiding and witch hunting in early modern Europe," in Jonathan Barry, Marianne Hester and Gareth Roberts, eds., *Witchcraft in Early Modern Europe: Studies in Culture and Belief*, Cambridge University Press, 1996

Mackay, Christopher S., *The Hammer of Witches: A Complete Translation of the Malleus Maleficarum*, Cambridge University Press, 2009

Maxwell-Stuart, P.G., *Witchcraft in Europe and the New World, 1400–1800*, Palgrave, 2001

Muchembled, Robert, *Le roi et la sorcière: l'Europe des bûchers (XVe–XVIIIe siècle)*, Desclée, 1993

Nurse, Julia, "She-Devils, Harlots and Harridans in Northern Renaissance Prints," in *History Today*, July, 1998

Remy, Nicolas, *Demonolatry*, translated by E. A. Ashwin, edited with introduction and notes by Montague Summers, F. Muller, 1970

Roach, Andrew P., *The Devil's World: Heresy and Society 1100–1300*, Peason Longman, 2005

Roper, Lyndal, *Oedipus and the Devil: Witchcraft, Sexuality and Religion in Early Modern Europe*, Routledge, 1994

Russell, Jeffrey Burton, *Witchcraft in the Middle Ages*, Cornell University Press, 1972

Wiesner, Merry E., *Women and Gender in Early Modern Europe*, Cambridge University Press, 1993

阿部謹也『中世の窓から』朝日新聞社　1981年

アポロドーロス『ギリシア神話』（高津春繁訳）岩波文庫　1978年

ウォーカー，バーバラ『神話・伝承事典――失われた女神たちの復権』（山下主一郎主幹、青木義孝・栗山啓一・塚野千晶・中名生登美子・山下主一郎共訳）大修館書店　1988年

エリアーデ，ミルチア『世界宗教史2――ゴータマ・ブッダからキリスト教の興隆まで』（島田裕巳，柴田史子訳）筑摩書房　1991年

勝田有恒・森征一・山内進編著『概説西洋法制史』ミネルヴァ書房　2004年

ギンズブルグ，カルロ『闇の歴史――サバトの解読』（竹山博英訳）せりか書房　1992年

同『ベナンダンティ――16-17世紀における悪魔崇拝と農耕儀礼』竹山博英訳）せりか書房　1986年

グルントマン，ヘルベルト『中世異端史』（今野國雄訳）創文社　1974年

クンツェ，ミヒャエル『火刑台への道』（鍋谷由有子訳）白水社　1993年

コーン，ノーマン『魔女狩りの社会史――ヨーロッパの内なる悪霊』（山本通訳）岩波書店　1983年

小嶋潤『西洋教会史』刀水書房　1986年

ザイプト，フェルディナント『図説中世の光と影――一つの完結した世界の歴史』（永野藤夫，井本晌二，今田理枝訳）原書房　1996

佐藤彰一・池上俊一『世界の歴史10　西ヨーロッパ世界の形成』中央公論社　1997年

デーヴィス，ナタリー・ゼーモン『愚者の王国異端の都市――近代初期フランスの民衆文化』（成瀬駒男・宮下志朗・高橋由美子訳）平凡社　1987年

◉著者略歴

黒川正剛（くろかわ・まさたけ）
一九七〇年生まれ。太成学院大学人間学部教授。専攻は、西洋中・近世史。著書に『魔女・怪物・天変地異：近代的精神はどこから生まれたか』（筑摩書房）、『魔女狩り：西欧の三つの近代化』（講談社）、『魔女とメランコリー』（新評論）、論文に「魔女と女と死」（安田喜憲編『魔女の文明史』八坂書房所収）、「西欧近世における〈怪異〉」（東アジア恠異学会編『怪異学の技法』臨川書店所収）、訳書にアン・ルーエリン・バーストウ『魔女狩りという狂気』（創元社）などがある。

ふくろうの本

増補改訂版
図説 魔女狩り

二〇一一年 三 月三〇日初版発行
二〇二四年 七 月二〇日増補改訂版初版印刷
二〇二四年 七 月三〇日増補改訂版初版発行

著者……………………黒川正剛
装幀・デザイン…………ヒロ工房
発行者…………………小野寺優
発行……………………株式会社河出書房新社
〒一六二-八五四四
東京都新宿区東五軒町二-一三
電話 〇三-三四〇四-一二〇一（営業）
〇三-三四〇四-八六一一（編集）
https://www.kawade.co.jp/
印刷……………………大日本印刷株式会社
製本……………………加藤製本株式会社

Printed in Japan
ISBN978-4-309-76335-4